SCINTILLE

SCINTILLE

JAMES LOW

TRADUZIONE DALL'INGLESE

di Ilaria Corti e Elena Gori Corti

Pubblicato da Simply Being www.simplybeing.co.uk

ISBN: 978-0-9569239-6-7

Titolo originale dell'opera: Sparks

Traduzione dall'inglese di Ilaria Corti e Elena Gori Corti

La rielaborazione grafica è di Taïsha Lohninger

L'immagine di Samantabhadra a pagina **xiv** è stata presa con i dovuti ringraziamenti dal sito internet „*The Great Middle Way*": *https://greatmiddleway. wordpress.com/2011/04/25/king-of-aspiration-prayers/*.

L'immagine di Machig Labdron a pagina 72 è stata presa dal blog *"Buddhist quote of the day"*: *https://garywonghc.wordpress.com/2014/11/*.

La foto di CR Lama a pagina **x** appare sul sito internet di *http://dzogchenurgy-enling.dk/english/teachers/chhimed-rigdzin-rinpoche/*.

Le immagini sulla prima e la quarta di copertina sono state prese ambedue da: *www.pexels.com*.

L'immagine di Padmasambhava a pagina *vi* è stata presa con i dovuti ringraziamenti da un'opera di Katharina Winkelmann.

Un grazie a tutti coloro che siamo stati in grado di identificare e cui possiamo attribuire il dovuto credito. Un grazie anche a coloro che non siamo stati in grado di identificare e cui non possiamo attribuire il dovuto merito.

Stampato e rilegato in Gran Bretagna da Lightning Source.

DEDICATO

AI

POVERI DI CUORE

Questo mondo frenetico
E la nostra mente indefessa
Ci catturano in un vortice.
Ricordare te spezza il maleficio
E annuncia un nuovo inizio.

Indice

Sole radioso, stella cadente

Lampo di luce, scintilla di buddha

Sorridendo rechi la pace

E sciogli anche i cuori più duri

Prefazione

Questo è un libro di gesti e di forme che esprimono quella connettività che è la base e la sorgente delle nostre brevi vite come esseri senzienti, esseri che percepiscono e sentono e pensano e comunicano.

Il fondamento del nostro essere è apertura, illimitata consapevolezza presente in ogni avvenimento. Noi sorgiamo all'interno di questo campo di luce e ci illuminiamo e ci rispecchiamo a vicenda. Quando le circostanze ci toccano e ci emozionano, si sprigionano scintille capaci forse di toccare ed emozionare altre persone. Una sola scintilla sprigionatasi dal fuoco sfavillante della vacuità può innescare una conflagrazione che riduce in cenere tutti i concetti. Questa perdita costituisce il vero guadagno, ovvero lo svelamento dell'illusione.

Le scintille scaturiscono dal fuoco. Esse sono il dono del fuoco e indicano la via per farvi ritorno. Il fuoco della consapevolezza brucia vivido in ognuno di noi, anche se abitualmente è dato per scontato. Misurarci con le scintille contenute in questo libro ci invita a essere l'aperta consapevolezza che è il fondamento o la base di chi legge, pensa e sperimenta. Questa consapevolezza, la nostra consapevolezza, è il vasto fuoco sfavillante che accende tutti i molteplici momenti della nostra vita.

Queste brevi riflessioni sono maturate entro la mia esperienza di dharma. Espresse a voce o messe per iscritto nel corso di una ventina di anni, riflettono gli stati d'animo di molte situazioni diverse.

Mi auguro che vi parlino. Lo stile è informale e spero che l'impostazione semplice faciliti l'accesso al contenuto e la riflessione su di esso. Sebbene alcune parti siano raggruppate per argomento, non sono ordinate in sequenza progressiva. È possibile partire da un punto qualsiasi e ogni scintilla o frammento è di per sé completo. La lettura è un'attività che investe l'intera persona, e da essa ricaviamo il massimo se ne siamo coinvolti con la nostra esperienza di vita e la nostra chiarezza, e se consentiamo alle emozioni e alle sensazioni di divenire parte del quadro che si va formando.

Molti dei brani proposti sono stralci di trascrizioni di conferenze tenute in centri di Dharma in Europa. Sono stati scelti da alcuni trascrittori, principalmente da Sarah Allen e Jo Féat, nonché da Barbara Terris. Dare forma a un libro usando spezzoni richiede tempo, riflessione e molte bozze. Il lavoro paziente e meditato di Barbara Terris ha reso possibile questo processo. Taïsha Lohninger ha curato la preparazione alla stampa della versione italiana.

> La vita è semplice
> se accetti che sia complicata.
> La vita è complicata
> se pensi che debba essere semplice.

Arcano Buddha, primo soffio antelucano,

Fonte silenziosa e quieta del fulgore della mente

Nostra aperta, accessibile, immutabile base

Non oscurata da illuso auto-indulgere.

Ospitalità spaziosa priva di pregiudizi

Accoglie frantumi di disfacimento

Che come fiocchi di neve su un lago

Si dissolvono in spontanea autoliberazione.

Introduzione

Partiamo dall'inizio, è un ottimo punto di partenza. Che cos'è la vita? Da dove vengo? Chi sono io? Quando ci poniamo queste domande noi cerchiamo risposte, e ne abbiamo davvero molte a disposizione. Possiamo indagare sulle origini di ogni cosa e apprendere che c'è stato un Big Bang. Possiamo imparare come si è formato il pianeta Terra, quali sono stati i primi segni di vita e quali i molti stadi evolutivi succeduti a quella prima formazione dinamica. Possiamo conoscere la storia del nostro paese, della nostra cultura, della famiglia, dei rapporti fra i nostri genitori e quali fattori hanno portato al nostro concepimento. Tutte queste informazioni ci giungono in forma di storie. Noi ascoltiamo le storie e da queste elaboriamo la nostra idea del mondo e del posto che occupiamo in esso. Siamo parte integrante del processo narrativo entro il quale sentiamo le storie, troviamo le nostre risposte e infine diamo il nostro contributo. Veniamo forgiati e insieme forgiamo le narrazioni nel cui alveo ci muoviamo e viviamo. Raccontiamo a noi stessi versioni di quanto ci è stato detto e in tal modo diveniamo parte della nostra cultura.

Quando chiediamo „*Chi sono io?*" restiamo fedeli alla nostra abitudine a ricorrere alla narrazione. "*Chi sono io? Bene, lascia che ti racconti...*", e via a narrare le nostre storie fatte di eventi, desideri, interessi, paure, speranze e traumi. Pare non esserci fine alle storie che raccontiamo su di noi, mentre passiamo senza sosta da un argomento all'altro, tessendo trame di ricordi e di emozioni che appaiono reali e autentici. Sembra che parliamo di noi stessi, che ci descriviamo, ma forse non facciamo altro che conferirci un'esistenza attraverso le parole. In ogni nuova occasione di interazione elaboriamo modelli specifici di auto-presentazione che ci consentono di proporci, agli occhi nostri e altrui, come degni di attenzione e di convalida di essere chi diciamo di essere. Se questo è vero, allora siamo figli di Scheherazade, ci teniamo in vita con il flusso delle nostre affascinanti storie.

Noi ci concentriamo principalmente sul contenuto della storia, su ciò che diciamo. Ma chi sta parlando, chi è il narratore? *"Semplice, sono io che racconto le storie, io sono me..."* e via di nuovo a costruire castelli in aria con i nostri seducenti concetti. Gira e rigira, ancora e ancora, dalla nascita alla morte, nuotiamo in oceani di concetti, narrazioni, storie e ricordi – resoconti di eventi, fatti, persone e luoghi. Siamo soliti credere che questo sia semplicemente la vita quale essa è, che questo sia ciò che significa essere umani, membri della specie più intelligente e creativa del nostro pianeta.

Ma forse la realtà in cui crediamo non è proprio come sembra. Forse le risposte volteggiano così rapide e fitte che noi rimaniamo abbagliati dagli scintillanti fiocchi di neve dei racconti che confermano la validità del sé e dell'altro. Chi sono io? Io sono qui, ora, inspiro ed espiro, sono vivo – chi sta facendo questo, a chi e per chi sta accadendo? Se ci fermiamo un attimo e lasciamo che si faccia spazio prima di raccontarci una selezione del nostro vasto repertorio di risposte, è proprio in questo spazio che siamo rivelati a noi stessi e ci è consentito di intravedere il volto che avevamo prima di venire al mondo, nella matrice dei concetti. Questo è il fondamento del nostro essere, la base di tutte le nostre esperienze, noi compresi.

Il desiderio di vedere con occhi limpidi, non offuscati dall'opacità generata da assunzioni e proiezioni, è il fondamento del Buddhismo. Duemilacinquecento anni fa il viziato e protetto giovane Siddharta, colui che sarebbe diventato Buddha, si avventurò fuori dal giardino di delizie in cui era stato allevato e si imbatté in scene che non corrispondevano a quanto gli avevano raccontato. Egli vide un malato, un vecchio, un cadavere e un cercatore errante di verità. Queste scoperte sgretolarono le storie totalizzanti con cui era cresciuto, ed egli vide che nella vita c'era molto più di quanto non credesse.

Non appena mise in discussione le risposte preconfezionate e le credenze che lo avevano sorretto, Siddhartha avvertì il fresco alito della libertà. Se ne andò di casa in cerca del senso della vita e dell'origine della sofferenza. Si mise in cammino e così facendo entrò a far parte della folta schiera di coloro che intraprendono il Viaggio dell'Eroe. Vagò in lungo e in largo scoprendo nuove idee, nuove forme di yoga e di austerità, avanti e ancora avanti, finché non si sentì stanco: *"Non c'è dunque fine a tutto questo?"*. Cercare di raggiungere la meta di un cammino senza fine non fa altro che protrarre il nostro viaggio oltre l'orizzonte.

Così lui sedette sotto l'albero della Bodhi e non fece nulla. Molte cose gli accaddero: visioni eccitanti, visioni spaventose, ogni sorta di stati d'animo e di sensazioni, tutti gli elementi usuali che costituivano il suo senso del sé. Ma lui si limitava a rimanere seduto. Le esperienze andavano e venivano e lui era sempre lì, non come il costrutto narrativo che aveva creduto di essere, ma come l'aperta consapevolezza che illumina ogni cosa senza essere dal canto suo afferrabile. Egli si era stabilito nella base dell'esperienza come colui che illumina l'esperienza senza essere esperienza lui stesso. Il che va oltre i concetti, può essere vissuto, non può essere detto.

Questo è il fondamento di tutte le scuole e i metodi del Buddhismo. Il Buddhismo non è una via di dogmi, poiché non suggerisce che credere in qualcosa sia sufficiente per il risveglio. Adottare una nuova identità e farsi buddhista non significa essere buddha, ovvero sveglio, presente.

Siano essi egoistici o altruisti, mondani o spirituali, i pensieri ai quali ci affidiamo possono fungere da velo fra noi e l'apertura dell'essere. Quando i nostri pensieri rappresentano il limite della nostra esperienza, restiamo intrappolati nell'apparente fattualità di quanto incontriamo, compiendo scelte basate su chi riteniamo di essere.

„Conosco ciò che mi piace e mi piace ciò che conosco". In tal modo il nostro potenziale si indebolisce, poiché sia l'oggetto, ciò che abbiamo di fronte, sia il soggetto, colui che sta di fronte, si configurano ed evolvono entro la nostra consueta cornice narrativa: pensando e parlando conferiamo esistenza a noi stessi e al mondo.

L'immersione nei nostri pensieri, sentimenti, memorie, ecc., come mezzo per generare significati e valori, protrae il nostro viaggio all'infinito, poiché ogni destinazione apparentemente finale, una volta raggiunta, si manifesta come una diversa forma di movimento.

L'ego nasce da un'illusione di separazione, essendo il senso del sé avulso dall'ambiente. Il nostro ego, poi, conserva sé stesso individuando opzioni e operando scelte sulla base dell'aut aut, anziché dell'et et. Esso si plasma decidendo cosa è bene e cosa è meglio, cosa vuole e cosa cerca di evitare. Compiendo le sue scelte non si cura dell'insieme, del tutto. Le scelte avvengono in funzione dei nostri interessi particolari e delle nostre preoccupazioni. Sono radicate nella parzialità, nel fatto di considerare certi aspetti del campo migliori di altri, non semplicemente più utili, ma migliori. Reputare alcuni elementi dell'ambiente come intrinsecamente migliori di altri convalida la gerarchia dei valori, e il trovare rifugio in ciò, ci aiuta a conservare il nostro senso del sé, la continuità della nostra identità personale. La voglia di trovare opzioni migliori tiene l'ego autorefenziale orientato verso il futuro, verso la rincorsa a qualcosa di meglio.

La via al risveglio non è un percorso da qui a là. È la via della non-via, dall'idea del qui all'immediatezza non concettuale del qui. L'immediatezza del qui è primaria, intrinseca. Non è un concetto, un'idea, un racconto o un'interpretazione. Ma neppure blocca le interpretazioni, poiché esse sono parte della creatività modellatrice della consapevolezza, la chiarezza che è già da sempre qui e ora, senza essere in alcun luogo individuabile come qualcosa di fisso e permanente.

Entro la vasta famiglia del Buddhismo l'approccio dello dzogchen è particolarmente utile per concentrarci sulle questioni cruciali di chi siamo. Dzogchen significa grande completezza. „*Completezza*" vuol dire che non occorre fare nulla, che non si richiedono né migliorie né sviluppi. „*Grande*" vuol dire vacuità, assenza di esistenza inerente, assenza di ogni sostanza ed essenza suscettibile di definizione o atta a definire. Dzogchen è chi noi siamo. Ciascun essere vivente, ciascun individuo è parte del tutto e partecipa di questa interezza. Noi soffriamo e vaghiamo in preda alla confusione quando non troviamo quiete dentro e come quel tutto, quando pensiamo che „*individuo*" si riferisca all'entità separata che io credo di essere, colui che sta in disparte. Risvegliarsi all'immediatezza del tutto significa liberarsi dall'illusione della separazione.

Se è davvero tanto semplice, se in fondo vado bene così, se sono parte del tutto, com'è che non lo so? Il tutto non è una cosa. Non è un oggetto della conoscenza. Acquisire qualche idea su di „*esso*" non è come sentirsi a casa in „*esso*". Non è qualcosa che tu possa afferrare, non ha manici, spigoli o crepe. Tu che guardi non puoi trovarlo se continui a guardare al tuo solito modo. Abbiamo bisogno di rilassarci e di recepire quanto vediamo senza interferire con ciò che è. L'ego cerca identità tramite opinioni e azioni che alterano ciò che appare. Se ci apriamo a ciò che è, scopriamo che non vi è altro che chiarezza, una chiarezza che illumina insieme il soggetto e l'oggetto. Immergendoci nella radiosità noi siamo l'immutabile verità di cosa e di come noi siamo sempre stati, e di cosa e di come è sempre stato il mondo. Abbiamo bisogno di stabilire un contatto con il lignaggio del risveglio. Pur essendo parte del tutto fin dall'inizio, non ce ne rendiamo conto senza l'aiuto di qualcun altro, il che può sembrare un terribile insulto al nostro io. Dopo tutto siamo persone istruite, competenti, sappiamo dare un senso a ciò che accade. È tutto vero. Sappiamo dare un senso a quanto accade perché ne facciamo parte, e quanto accade è tutto ciò che conosciamo. Questo è il nostro limite, tutto quanto abbiamo accumulato, la nostra totalità. Noi scambiamo una parte, la nostra parte, per il tutto, ed è proprio questo che ci tiene funzionalmente divisi dal tutto, il tutto infinito dal quale, di fatto, non ci siamo mai separati.

Il lignaggio dzogchen inizia con Kuntu Zangpo, l'interezza che splende come il Buddha primordiale. Il suo nome significa *„buono, perfetto, completo in tutte le circostanze"*, poiché lui è la presenza luminosa del tutto. La sua pienezza anima Dorje Sempa, *„essere indistruttibile"*, che svela la purezza della mente non toccata dall'oscuramento. A sua volta la semplicità di Dorje Sempa anima Garab Dorje, *„soddisfazione indistruttibile"*, la soddisfazione della completezza. Garab Dorje si è manifestato nel nostro mondo, e questo è stato l'inizio del lignaggio del risveglio alla totalità, che si è trasmesso ininterrotto nel tempo e ora è accessibile a noi come insegnamento dzogchen.

Garab Dorje ha esposto tutto l'occorrente in tre brevi enunciati: essere introdotti alla base aperta della propria esistenza; non rimanere in dubbio riguardo a ciò; continuare sicuri senza cercare altro.

Il primo punto è l'introduzione diretta. Questo comporta due aspetti che vanno sincronizzati in modo tale che la sinergia della loro non-dualità apra lo spazio della rivelazione. Introduzione diretta significa trovare l'inizio, il fondamento, la base, la fonte, il punto di partenza. Esso è là, ma di fatto è qui, ora, poiché è il fondamento del nostro essere, della nostra esistenza; il fatto che siamo, qualsiasi cosa siamo. I due elementi dell'introduzione sono colui che introduce e colui che viene introdotto. Chi introduce, o l'insegnante, non introduce a una somma di conoscenze, a un accumulo di fatti. Egli vi introduce alla vostra base e lo può fare perché dimora nella sua stessa base che non è diversa dalla vostra. Se non dimora nella sua base ma ne ha soltanto un'idea, non sarà capace di aprire per voi lo spazio dell'essere. E voi avrete appreso un nuovo racconto *„spirituale"*, ovvero soltanto qualcosa in più della solita storia, anche se finemente confezionata.

Chi viene introdotto siete voi. Voi siete introdotti a voi stessi. Il che può suonare paradossale, perché voi sapete già chi siete. Ma come abbiamo visto in precedenza, questo *„sapere chi sono"* è un costrutto, una piccola zattera che galleggia sul mare oscuro dell'ignoranza.

Se rimanete aggrappati a queste idee su di voi, sarete proprio voi a fare in modo di non trovare voi stessi. In verità, dovete perdere, o piuttosto alleggerire „*voi stessi*", per trovare o essere la totalità di voi stessi.

L'insegnante possiede la pienezza di radiosità della vacuità e lo studente possiede la pienezza dei concetti, delle emozioni, delle aspettative, e così via. Per ricevere la pienezza della base dobbiamo essere disponibili, quindi il primo e più importante passo da fare è quello di svuotarsi di tutto ciò cui ci aggrappiamo, su cui ci appoggiamo e che proteggiamo quasi si trattasse della nostra vera identità. Non è poi così difficile, basta darci un taglio. Stop. La mente che afferra, determina la continuità dell'io. L'io si sforza incessantemente di plasmare sé stesso sulla base degli elementi fortuiti dell'esperienza emergente: sceglie questo, scarta quello. Poi si stabilisce integralmente, con la magia dell'auto-inganno, in questa formazione transitoria quasi fosse un aspetto della sua esistenza eterna. Così l'io non fa altro che aggrapparsi, fondersi e identificarsi, e questi sono i suoi modi per sopravvivere. Ma il tutto non può essere contenuto nella parte, ossia il sé in apparenza autonomo, che l'io scambia per il tutto.

La meditazione è l'arena in cui i trucchi dell'io vengono alla luce. La semplice osservazione di ciò che avviene, ci consente di capire cosa stiamo facendo. Tutto ciò che sono svanisce nell'attimo stesso in cui si manifesta. Per esempio, se mi rivedo bambino giocare sulla spiaggia in Scozia, la memoria sembra riportarmi là. È come se viaggiassi nel tempo. È una sensazione rassicurante, mi dà l'impressione che dopo tutti questi anni sono ancora me stesso, e che sono capace di rievocare quanto mi è accaduto. Si stabilisce qualcosa di durevole. Veramente? In realtà ciò che è avvenuto è la comparsa e la sparizione di pensieri, sentimenti e sensazioni. Insieme, essi generano uno stato affettivo a sua volta passeggero. Il movimento crea un'illusione di stasi, di fissità, di momenti che durano e trascendono sé stessi.

Il termine illusione indica qualcosa che appare vero, ma non lo è, come un miraggio sulla strada di fronte a noi in un'afosa giornata estiva. Siamo catturati dall'illusione e ci lasciamo ingannare da essa, finché non comprendiamo che non è ciò che sembra. Risvegliarsi dall'illusione che essa sia reale è la via per la libertà, anche se in un primo tempo è una libertà dolorosa, perché abbiamo investito molto nell'apparente realtà di quell'illusione.

Quando stiamo semplicemente seduti e osserviamo l'esperienza che forma il contenuto del nostro semplice stare, notiamo subito che siamo un fluire di esperienze, alcune delle quali appaiono come oggetti, mentre altre le identifichiamo come soggetto. Queste esperienze sorgono e svaniscono come apparenze prive di vera esistenza. Non rimane nulla. Eppure è innegabile che siamo ancora qui. Così se tutto ciò che fa di me „me" svanisce, eppure „io" sono ancora qui, chi è colui che è ancora qui? Avendo cominciato a vedere che tutti i fenomeni sono transitori, privi di essenza solida o di sostanza afferrabile, veniamo introdotti all'autoliberazione dell'esperienza. Non dobbiamo affaticarci a purificare o svuotare la nostra mente. Lei si svuota e si purifica da sola, in realtà è vuota e pura di per sé.

Con l'apertura della consapevolezza di come l'esperienza effettivamente è, possiamo lavorare con l'insegnante per aprirci all'inesprimibile autenticità di chi sperimenta, ossia la mente stessa. Questo è il fondamento dell'introduzione diretta. Quando la nostra mente è piena di concetti ai quali ci affidiamo quasi fossero validi in sé e per sé, la mente non ha spazio per essere introdotta a sé stessa. C'è preoccupazione, chiusura, preclusione, oscurità scambiata per luce, offuscamento scambiato per la trasparenza di una verità assiomatica. L'allievo deve essere maturo. Alcuni maturano in un giorno, altri dopo migliaia di vite. Il limite è la nostra convinzione che sia vitale aggrapparsi a ciò che conosciamo. Questa erronea convinzione ci occulta a noi stessi. Lasciatela andare, tanto se ne va comunque. Ma se rimanete attaccati alla fantasia della vostra continuità personale come a un'entità con un'essenza definita – io sono io perché sono io – in tal caso state prendendo la notte per il giorno.

L'insegnante ci parla della mente – ancora concetti. Ma l'insegnante è l'apertura della mente. Questa è la trasmissione: aprirsi alla presenza di colui che è presente, ma non si sta proponendo come se fosse un qualcosa. L'apertura dell'insegnante e il potenziale di apertura dell'allievo si incontrano come „*cielo a cielo*": nessun confine, nessuna separazione. È in questo non luogo che l'allievo si ritrova, ovvero lì dove è sempre stato. La mente è nuda, senza veli. L'intero contenuto della mente è fugace e la nudità della consapevolezza è la chiarezza che illumina tutto ciò che accade. La mente è fresca, non ha storia, non si è evoluta nel tempo e non ha accumulato qualità o contenuti grazie a situazioni particolari. Ogni attimo è fresco, manifestazione della base, completo in sé stesso così com'è – poi svanisce e la freschezza ricompare nell'istante successivo e sempre.

La mente luccica, risplende e illumina – tutto ciò che accade è la mente, è la mente che manifesta sé stessa, ma non come sua apertura. La mente si manifesta tramite la propria espressione, la propria radiosità - ovvero tutto ciò di cui noi abbiamo esperienza, compreso tutto ciò che noi pensiamo costituisca noi stessi. Questa è la mente, ma essa non si lascia definire sulla base di come si esprime. Nella sua inafferrabile immediatezza e vitalità, la sua espressione dimostra il potenziale emergente della mente, però l'apertura della mente non è suscettibile di definizione, per cui noi ricorriamo a metafore e similitudini quali paragonare la mente al cielo e la consapevolezza al sole.

Questa è la visione. Conservare questa visione, essere aperti alla base e come la base, è meditazione. Non interrompere il flusso dell'energia non-duale, unitaria, è attività. Sentirsi spontaneamente a casa nell'indissolubilità di apertura, chiarezza e apparizione, è il risultato.

Il secondo enunciato di Garab Dorje dice di non rimanere nel dubbio. Dubitare significa sdoppiare la mente rispetto a qualcosa. Da un lato un'opinione, dall'altro un'altra. È sconcertante. Come posso acquisire certezza? Le fonti di informazione e le vie prospettate sono troppe, e io a che cosa dovrei credere, quale via dovrei seguire? Quando si pongono simili quesiti, significa che il primo enunciato non è stato completamente realizzato. L'introduzione diretta svela ciò che è. E ciò che è, è e basta. Non è qualcosa in cui credere e non è una via da seguire. La grande completezza è già completa. Voi siete già completi, quindi apritevi alla completezza e rimanete con lei. Non è qualcosa che l'io può fare. Il senso di chi siamo, egoico e autoreferenziale, tende sempre alla chiusura, alla forma, alla definizione e all'identità. L'io si aggrappa a elementi del contenuto per darsi consistenza, sostanza. Ma la natura transitoria del flusso di contenuto fa sì che il nostro io sia sempre insicuro, indipendentemente dalla fiducia con cui afferma la propria identità. Questa è la frattura che alimenta il nostro dubbio. Ci siamo tutti ripetutamente identificati con credenze e attività che in seguito sono state rimpiazzate da altri oggetti di attrazione. Li lasciamo andare, e lo spazio dell'identità si colma di nuovi migliori amici.

Se la mia mente è così effimera e io così mutevole, come posso fidarmi di questa nuova idea di me stesso? Il dubbio è di aiuto se riusciamo a vedere che è solo un pensiero su altri pensieri. I pensieri sono inaffidabili per loro stessa natura. Se costruite la vostra vita sui pensieri, sarete perennemente occupati a cercare di tenere in piedi la vostra traballante costruzione. Questo è ciò che si chiama samsara: vagare da un attimo all'altro alla ricerca di un rifugio stabile. Risvegliarsi al proprio autentico essere, alla concreta verità dell'essere che non scaturisce dai concetti, è cosa ben diversa. Si tratta di lasciar perdere tutti i vecchi puntelli, tutte le speranze e le paure, le certezze e i dubbi sui quali si era fatto affidamento.

I dubbi alimentano l'io quanto le speranze e le certezze. Tuttavia non dovete liberarvi del dubbio; non dovete contrastarlo e assumere un'eroica posizione di incrollabile fiducia. Tutto il contenuto della mente si libera da sé. Svanirà per conto suo. Quindi non costruite la vostra casa né sulla sabbia, né sull'acqua, né sul fuoco e nemmeno sul vento. L'unica dimora stabile è lo spazio, l'apertura immutabile della mente.

„*Non rimanere nel dubbio*" significa non rimanergli aggrappato come a qualcosa di utile. Lasciatelo andare. Lasciate andare ogni cosa. La vita non finirà. Il mondo non si fermerà. Non tutto dipende da me. Non è una decisione mia. È quello che è, e nessuno me lo nasconde. A nascondermelo sono io quando cerco di costruire qualcosa di solido coi rimasugli degli avvenimenti. Il caso svela le vuote pretese dell'io. La vita scombina i piani. Così quando incertezze e dubbi avviluppano il vostro fragile senso del sé, rilassatevi, lasciate che ciò che è sia ciò che è, osservate lo svanire dell'intera formazione. Noi rimaniamo nel dubbio solo quando ci aggrappiamo al dubbio.

Il terzo enunciato dice di continuare sicuri senza cercare altro. Viviamo in complesse culture moderne in cui fioriscono quotidianamente nuove opportunità. Nuove tecnologie, possibilità lavorative, relazioni, cibo, abiti, occasioni di svago e di sviluppo sono tutte prontamente disponibili. C'è sempre una miriade di cose da cui farsi allettare. Io più qualcos'altro potrebbe essere meglio di me così come sono, quindi perché non provarci? Nuove esperienze ampliano la mente. In generale è vero. Ma la rendono anche più profonda? Una vita più ricca di esperienze e di varietà vi consente di stare con l'effettiva fonte di rivelazione, ossia con la mente stessa?

C'è l'esperienza, quello che ottengo, quello che accade a me e per me. E c'è colui che sperimenta, chi credo di essere, la mia soggettività, colui al quale e per il quale l'esperienza accade. Entrambi sono transitori nel loro contenuto, sebbene appaiano stabili a causa delle nostre concezioni di sé e altro, di sé ed evento, di sé e ambiente. Ogni specifico contenuto svanisce, eppure i concetti ne trovano sempre uno nuovo da rivendicare come proprio. La fame dell'io, la sua incompletezza, lo porta a considerare l'eccesso come mezzo di sopravvivenza. Appagamento e soddisfazione non sono abbastanza. Mi serve di più, perché l'eccitazione di avere di più, di avere ciò che voglio, perfino di avere ciò che non voglio, mi fa sentire vivo. Questa è la radice della tentazione di distrarci, di distoglierci da ciò che è già qui, per puntare a ciò che è altrove. Il tangibile è sostituito dalla fantasia che immagina qualcosa di meglio. Siamo catturati da un'idea, perché siamo disponibili a essere catturati. Ci facciamo sviare, perché siamo disponibili a essere sviati.

Non c'è alcun bisogno di applicare l'antidoto della forza di volontà e dello sforzo. Sono metodi assurdi, perché il flusso di energia della mente non cessa mai, e noi dimentichiamo facilmente che quanto avevamo deciso era essenziale. Nuove opportunità compaiono di attimo in attimo. È questa la ricchezza e la varietà della vita. E tutto si libera da sé. Qualsiasi cosa venga viene, qualsiasi cosa vada va. Cercare di imporre la nostra debole volontà alla complessità dell'immediatezza di tutto ciò che accade attimo per attimo, non funzionerà. E nemmeno indulgere nell'ignorare la diversità e accomodarsi nella consuetudine, perché anche questo non è sostenibile, e la nostra compiaciuta convinzione di essere capaci di gestire la vita finirà in lacrime. Stai con quello che c'è e sarai radicato e centrato nell'apertura dell'essere. Inoltre scoprirai che tutto, proprio tutto, è energia dell'espressione, fulgore dell'apertura dell'essere. L'essere è impersonale, non ci puoi trovare qualcosa che potresti rivendicare come tuo, eppure non è altro che la base della tua presenza, la tua carica vitale, la tua vita.

Essere a casa nella base dell'essere presenta tre aspetti: apertura, immediatezza e illimitata manifestazione. L'apertura è la vacuità della mente, l'inscindibilità di consapevolezza e sconfinata ospitalità dello spazio di manifestazione. „Aperto" significa non chiuso, non limitato da confini, da definizioni, da una capienza prestabilita o da qualsivoglia altro. „Vuoto" significa libero da una presunta essenza o sostanza. Non c'è nulla a cui aggrapparsi – nel qual caso non c'è nessuno che abbia bisogno di farlo! L'apertura è nuda, cruda, fresca, rilassata – è proprio qui, sempre qui, eppure inafferrabile. Dall'apertura, con l'apertura, c'è l'immediatezza, la chiarezza della presenza. La mente vuota, aperta, è colma, piena di colori, suoni, sensazioni e vita. La pienezza è immediata, avviene tutta in una volta. L'apparenza non è un costrutto, non si edifica per gradi, è invece piena senza sforzo, è completa, è perfetta com'è, qualsiasi cosa sia.

Questa è la radiosità della mente, come la luce che irradia dal sole e che rivela ogni cosa all'istante. In questo campo di immediatezza, presenza della ricchezza del potenziale della mente, c'è la specificità unica di ogni momento di manifestazione dell'energia. Una manifestazione pervasiva priva di limitazioni. Non va da qui a là, appare dovunque. Ogni manifestazione affiora direttamente dalla base sempre aperta, senza tuttavia abbandonarla mai.

Questi tre aspetti costituiscono il nostro essere. Non sono mai separati, ma se ignoriamo l'apertura, la chiarezza è oscurata e noi ci ritroviamo come un sé illusorio e isolato a cercare di consolidare una manifestazione illimitata. Questo compito impossibile è la fonte delle innumerevoli forme che noi diamo alle nostre speranze, paure e tentativi di trovare una felicità duratura. Rinunciare a questo sforzo piuttosto paranoide ci rende liberi di essere chi siamo sempre stati.

Questo è un libro. Quindi è pieno di parole. La funzione del libro è quella di offrire parole come flusso, come messaggio, come umore, come gesto. Sappiamo già parecchio riguardo a molte cose. Forse non ci occorrono altri mattoni per costruire il nostro sé. Possano piuttosto queste parole solleticare la vostra fantasia e fluire nel flusso con voi.

INCRESPATURE NELL'ACQUA

Fluide scie sull'acqua
scie di movimento
ora rapido ora lento
incessanti i movimenti
trovano spazio gli eventi
scorre ciò che è immobile
se ne va ciò che è stabile
non siete in barca a navigare
così per favore basta remare

IL COME DELL'ISTANTE

Il come dell'istante
può farvi uscir di senno
poiché l'istante esclude il come
e i metodi recano solo dolore.

Lo sforzo burlone
rimane sempre in gioco.
Qualunque sia l'appiglio
prima o poi cederà.

La base non viene e non va
rimane sempre qui.
Se in lei trovi dimora
non hai nulla da temere.

I metodi lasciali perdere
poiché nulla dipende da te.
Hai tutto ciò che occorre;
avviene, sei evento anche tu.

COME ESSERE NUDO

Tutto ciò che possiedi
tutto ciò che vedi
e credi di essere
sono solo abiti.

L'abito può coprire
oppure rivelare
la sorgente radiosa
eternamente operante.

Aperto e nudo
né il sé né l'altro
ti possono catturare, sia tu
il cercatore o il cercato.

Fresco, naturale e semplice
il nostro stato è completo
ma abbigliarsi è una scelta
per coloro che incontriamo.

Dolce omaggio di niente
questo campo infinito
il paradosso di buddha
al quale ci arrendiamo.

Di attimo in attimo
prendiamo forme nuove
vestiti in fogge strane
eternamente non nati.

Così com'è va bene
anche se ciò che è, non è
Ragionarci sopra è vano –
è uno scherzo, uno shock.

Essere nudi è facile
non devi fare nulla.
Gli abiti vengono da sé,
ci pensa la vita.

Non ti occorre sapere
come essere nudo;
sei comunque scoperto
dovunque tu vada.

Lo sforzo è uno spreco
che intorbida l'acqua,
non cercare di rilassarti,
è tutta fatica sprecata!

Tutto è ciò che è
e come è sempre stato;
lascia cadere le vesti,
erano solo un sogno.

IL VENTO SOFFIA

Il vento soffia
e non cade foglia
si quieta il vento
e le foglie cadono

Stranezza d'autunno
che mi svela
a me stesso

La mente trova sé stessa

Non cercare come chi ha smarrito qualcosa.

O come un poliziotto quando insegue un sospetto.

Entra invece nel bosco come un ornitologo.

Trova un posto tranquillo e siedi quieto.

L'uccellino è nel bosco.

Confida in questa verità, non aggirarti impaziente.

Non ti confondere pensando affannato: *"Sarà qui?" "Sarà lì?"*

Alternando speranze e timori rischi di smarrire ciò che non puoi smarrire.

Rilassati soltanto

E quando l'uccellino appare

La tua mente è qui.

E non è quella che credi.

CONSIGLI SUL RIFUGIO

Non cercare rifugio nei tuoi pensieri, sentimenti e sensazioni.
Non cercare rifugio nelle tue convinzioni e congetture.
Rinuncia a credere nel soggetto e nell'oggetto.
Trova rifugio nella consapevolezza vuota
La cui chiarezza è ogni cosa così com'è.
Se cerchi rifugio nell'illusione che l'illusione sia reale
La confusione si protrarrà indisturbata.

TUTTO CIÒ CHE COMPARE NON HA ESSENZA

Ogni pensiero svanisce, è così che fa.

Rimane invece la consapevolezza che ha rivelato il pensiero.

La consapevolezza è come uno specchio, i pensieri sono come riflessi.

I riflessi compaiono per cause e condizioni,

Privi di essenza, sono effimeri e inaffidabili.

Lo specchio è immobile, ma i riflessi continuano a comparire.

Se reagisci al riflesso e ti muovi

Non sei che un riflesso tu stesso

E andrai vagando senza sosta nel samsara.

Se non ti muovi

Capisci che ogni moto è vuota illusione.

Questa saggezza suscita compassione per tutti gli esseri perduti

Che diligenti costruiscono le loro speranze di permanenza

Su una base priva di fondamento.

La vera sorgente dell'indefesso costruttore è lo spazio immutabile.

Ogni altra cosa è un gioco della mente.

Eh ma ho!

QUI IN QUEST'ATTIMO

Qui in quest'attimo
C'è movimento.
Sembra che siamo noi a muoverci
Ma non ci muoviamo:
La consapevolezza non si muove mai.
Si muove il mondo,
Si muove il corpo,
Le parole si muovono,
Ma il nostro vero essere è immobile.
Non muovendosi è sempre qui,
Non occorre viaggiare per trovarlo.
Il nostro vero essere non è nascosto.
Non è dietro a noi
Non è davanti a noi
Non occorre comprarlo
Non occorre rubarlo
Lui è proprio qui con noi
Dove è sempre stato.

Fantasmagoria giocosa

Kuntu, sempre, Zangpo, buono.

Sempre buono.

La base è vacuità vitale.

Il suo campo è chiarezza immutabile.

La sua energia è precisamente questa.

Ogni cosa, in ogni luogo e in ogni tempo, buona.

Ogni cosa sempre già buona comunque sia,

Utile o inutile

Luminosa o offuscata.

Né successo né fallimento

Né guadagno né perdita.

Permettere a ogni fenomeno di prendere il suo posto e poi andarsene

Apparendo e svanendo alla maniera di un sogno.

Privo di un sé o di un'essenza

Ogni fenomeno è un dono dello spazio

Fluire dell'energia della mente

Fantasmagoria giocosa.

SONO STRANIERO QUI A ME STESSO

Sono straniero qui a me stesso,
Insieme strano ed estraniato,
Non proprio a casa se non
Nello spazio che non è
Un territorio, lo spazio
Che dà ospitalità a tutti
Gli stranieri, a tutti
Gli strani vagabondi.
Lo spazio sovverte la possibilità
Di venire estraniati offrendo
Con naturalezza la realtà di fatto
Dell'essere sempre e comunque già a casa.

Dove accade allora che io
Sia straniero, insieme strano
Ed estraniato? Accade qui, in questo
Luogo, divelto dalla base
Da un turbine di pensieri,
Alienato solamente dal mio stesso
Eccessivo fulgore; creatività che si avvolge
Su sé stessa; l'isolato, accantonato e abietto
È solo una scia nell'eterno fluire
Dei mille modi di essere a casa
Come apertura, campo e attimo specifico.

L'inquietudine

Ciascuno di noi ha storie dolorose. Abbiamo tutti seccature e preoccupazioni nella nostra vita. Tuttavia, da un punto di vista buddhista, non sono queste il cuore del problema. Queste sono come bolle o spuma in superficie, perturbazioni momentanee generate da difetti strutturali più profondi. Ciò che veramente ci affligge è il fatto di non essere in pace in noi stessi, di non essere chi veramente siamo. L'alienazione da noi stessi ci fa vivere come se fossimo rifugiati, e i rifugiati se la passano davvero male. In quanto rifugiato non puoi stabilirti in te stesso, sei sempre occupato a chiederti cosa succederà dopo, non hai una base stabile, non hai diritti e nemmeno possiedi un passaporto. I testi si riferiscono proprio alla mancanza di una dimora stabile quando parlano del nostro vagare senza fine nel samsara. Un termine tibetano per esseri senzienti è *"dro wa"*, ossia viandante, uno che è sempre in movimento. Siamo continuamente alla rincorsa dell'una o dell'altra cosa nella speranza che gli oggetti che incontriamo rappresentino per noi un vero rifugio, una vera dimora. Ma tutte le situazioni sono transitorie. Pensiamo di avere trovato una cosa, un luogo, una persona sicuri e affidabili e poi … qualcosa cambia … e non c'è più nulla. Avviene sempre così. È molto raro trovare qualcosa che sia sicuro e stabile. Non si tratta di una punizione. Così è la vita, semplicemente, fintanto che non ci siamo risvegliati a come siamo in realtà.

LA SCHIUMA

L'integrazione della consapevolezza infinita e spaziosa con i gesti che da essa scaturiscono ha luogo fin dai primordi. Nel grande teatro della mente si inscenano miriadi di drammi. Riconoscere questa illusione come illusione è in sé illuminazione. I giochi che giochiamo – fare i buoni, i cattivi, nutrire speranze e paure – non sono che onde spumeggianti sulla superficie del mare. Ogni fenomeno, ogni cosa che accade, buona, cattiva, nobile, vile, desiderata o indesiderata, è inseparabile dalla mente non nata. Alla pari di un sogno o di un arcobaleno, questa vita inafferrabile regala meraviglie senza limite.

IL RIFUGIO

Nel buddhismo iniziamo la nostra pratica prendendo rifugio. Ci rifugiamo nel Buddha, nel Dharma, nel Sangha e anche nel Guru, nelle divinità della meditazione e nelle Dakini. Sono molti i rifugi ai quali possiamo rivolgerci, ma ciò che conta è smettere di rifugiarci nei nostri pensieri, nelle nostre convinzioni e supposizioni. Chi è colui che cerca rifugio? Se lo troviamo e dimoriamo in lui, otterremo un vero rifugio. Invece rifugiarci nei pensieri su chi può essere ci porterà fuori strada. La nostra solita dipendenza indolente ci ingannerà più e più volte. Se ci rifugiamo in ciò che è illusorio, la nostra confusione non avrà fine, quindi risvegliatavi alla vostra esuberante libertà.

LA VERA PACE

La vera pace non trae origine dalle proprietà degli oggetti che possediamo, né dalle caratteristiche dell'ambiente in cui viviamo o dalle doti che crediamo nostre. La vera pace è una qualità del rifugio. Quando riconosciamo che la nostra mente è consapevolezza non nata, che lo spazio nel quale ci muoviamo è quello infinito dell'ospitalità senza limiti del dharmadhatu, il regno di tutti i buddha, e che tutto ciò che facciamo e incontriamo è la compassione non nata, frutto dell'unione di vacuità e di consapevolezza, allora otteniamo la vera pace e il nostro aggrapparci avrà fine.

LA VITA È GIÀ QUI

Rilassatevi e siate presenti a voi stessi. Non si tratta di andare attivamente alla ricerca di qualcosa, ma di essere disponibili e ricettivi verso ciò che è qui. Esente da programmi, la consapevolezza è aperta a ciò che è. Niente selezioni, pregiudizi o revisioni. Tutto è ciò che è, e noi lo accogliamo nella sua totalità così com'è. L'attimo infinito è pieno e vuoto.

LA FIDUCIA

Perché affannarsi? Forse non dovete faticare tanto. Le situazioni favorevoli svaniranno, questo è certo. E quelle avverse pure, anche questo è certo. Smettetela di fare piani. La vita andrà a modo suo. Come recita la filastrocca per bambini:

> La piccola Bo-Beep
> Ha perso gli agnellini
> Chissà dove saranno.
> Lasciali andare,
> E a casa torneranno
> Dimenando i codini.

Tutti i pensieri e le esperienze che una volta o l'altra possono affiorare, se ne vanno da sé. Come a sera le pecore tornano all'ovile, così i pensieri sorgono dalla vacuità e a quella casa fanno ritorno non appena il loro breve momento di manifestazione è trascorso. La nostra vita, così come essa è, fa parte del fluire degli eventi. Il nostro posto nel mondo ci viene rivelato ogni giorno, ed è con questo che noi lavoriamo, né come padroni né come servi. In tal modo possiamo consentire alla vita di essere quello che è, senza correzioni ansiose o delusioni. Gli schemi consueti dureranno finché dura la forza che ne è la causa. Non appena lei si estinguerà, anche loro si dissolveranno. Abbiamo già vissuto talmente tante vite in questa vita. Quando una forma scompare, il potenziale da cui è emersa ne sprigiona di nuove. La chiarezza della mente dispiega senza sosta il flusso delle sue apparizioni, il modellarsi passeggero del suo fulgore creativo. La vita prosegue: camminare, parlare, mangiare, dormire.

Genera sofferenza l'andare alla ricerca, nella manifestazione, di essenze-entità sostanziali affidabili, mentre il partecipe e rilassato godimento nel flusso rallegra il cuore e fa piacere agli altri. William Blake ha scritto[1]:

> *Chi lega a sé una Gioia*
> *Distrugge la vita alata;*
> *Ma chi bacia la Gioia in volo*
> *Vive nell'alba dell'Eternità*

1   Nella traduzione di Georges Bataille, versione italiana a cura di V. Magrelli, Einaudi, 1996.

È UNA LUNGA STRADA FINO A QUI

Nel vederti provavo fiducia
E l'impazienza di progredire
Il cammino adesso era aperto
E io dovevo cogliere l'occasione.

Eppure non è tanto semplice
E tu lo sapevi bene
Giacché lo sforzo di arrivare
È quanto più ti frena.

Aspirare all'illuminazione
Volere essere come te
Mi rendeva ansioso e teso
Con sempre più cose da fare.

Ingannavo me stesso
Negando l'illusione.
Tutto divenne fin troppo reale
E crebbe la mia confusione.

Avendo provato a provare
Provai poi a desistere
Ho rinunciato a provare
E rinunciato a desistere.

Sulla strada fino a qui
Ero tutto fuorché libero
Perché viaggiare non serve
Basta semplicemente essere.

MEDITAZIONE PER LA QUIETE

Nella pratica della meditazione base per calmare la mente, chiamata anche shiné o shamata, concentriamo la nostra attenzione su un semplice oggetto esterno o sul flusso del respiro a livello delle narici. Esprimiamo la ferma intenzione di concentrarci solamente su questo. Ogniqualvolta la nostra mente divaga, la riportiamo gentilmente sul nostro punto di concentrazione. In questa pratica impieghiamo una concentrazione cosciente della nostra attenzione, in modo da separare noi stessi dall'irretimento con il contenuto fugace della nostra mente. Con questa intenzione i pensieri, i sentimenti e le sensazioni emergenti vengono riclassificati e convertiti da *"interessanti"* a *"distraenti"*. Ci stiamo svincolando dalla nostra consueta tendenza a fonderci con i vari fenomeni e a reagire a essi L'obiettivo è quello di prendere le distanze dal flusso in perenne mutamento dell'esperienza, di semplificare la nostra intenzione e di trovare in tal modo uno spazio calmo e libero da pre-occupazioni e distrazioni.

Alcuni dei pensieri che affiorano possono apparirci alquanto spaziosi, come se dilatassero il nostro orizzonte, eppure, poiché siamo assorti in essi, non possiamo vederli con chiarezza. Il nostro incapsulamento in ciascun momento transitorio determina una decontestualizzazione che ci catapulta dal mondo di questo istante al mondo dell'istante successivo. Quindi, stranamente, proprio l'isolamento di questi momenti di esperienza genera un'illusione di continuità, perché noi slittiamo da un momento a quello seguente. Ciò è accompagnato da un estenuante e subliminale senso di frammentazione e dall'urgenza pressante di tenere tutto quanto insieme. Questa responsabilità crea una tensione ansiosa che alimenta il nostro ulteriore coinvolgimento e interesse in qualunque cosa accada, nel tentativo di stabilire quali minacce o vantaggi potrebbero derivarne.

Nell'analisi buddhista mahayana delle due verità, ci si riferisce a tutto ciò come allo stato di verità relativa impura. All'interno di questa modalità dualistica di fare esperienza, abbiamo la sensazione che ci siano un soggetto e un oggetto, i quali sembrano essere veramente separati. Tale visione è descritta come impura, perché il soggetto considera sé stesso come pienamente reale e considera anche l'oggetto come pienamente reale. Questa polarizzazione reificata determina i giudizi e le distorsioni dei cinque veleni, ovvero le emozioni afflittive di ottusità/presunzione, desiderio/attaccamento, rabbia/avversione, orgoglio e gelosia. La nostra esperienza tende a essere pervasa da una colorazione affettiva, una valenza emotiva che conferisce un arricchimento o una distorsione a quanto accade. In tale condizione ci è molto difficile osservare una situazione senza farci un'opinione o avere una reazione che poi finisce per essere l'impressione principale che ne ricaviamo. La pratica meditativa del calmare la mente ci aiuta ad apprendere come ascoltare, come gustare e come toccare, senza riempire lo spazio fresco dell'esperienza con le nostre abituali attitudini e convinzioni.

La pratica del calmare rompe i nostri soliti schemi, incoraggiando una concentrazione semplice e diretta. La sua procedura non è complicata e non migliora mettendoci passione o arricchendola di contenuto emotivo. Non vi concentrate meglio sul respiro se siete arrabbiati, tristi o smaniosi. In altre situazioni potete avere l'impressione di concentrarvi di più se siete pieni di desiderio o di rabbia, perché allora c'è una forte fissazione energetica sull'oggetto prescelto. Se siete veramente infastiditi da qualcuno, si determina una sorta di visione a tunnel, un'intensificazione dell'attenzione ai dettagli, e voi sapete esattamente in che cosa consiste l'oggetto della vostra rabbia o irritazione. Quando vi concentrate su un oggetto con un'attivazione affettiva, lo riempite delle vostre proiezioni. Credete di vederlo con chiarezza, ma in realtà siete voi a crearlo estraendolo dalle vostre proiezioni, da ciò che reputate essere inerente all'oggetto stesso. Il che, tuttavia, ha poco a che vedere con una concentrazione calma e chiara. Una concentrazione calma consente all'oggetto di essere sé stesso, senza che la mente sia stimolata ad attivarsi, a fare associazioni e a esagerare.

Più calmiamo la mente e ci scopriamo meno inclini a lasciarci catturare da quello che appare, più iniziamo a sentirci spaziosi e a vedere come stanno le cose in realtà. Siamo sia più separati da ciò che accade, sia più connessi con ciò che accade. La connessione vera non si basa sul fondersi ma comincia con una visione prospettica; per vedere dobbiamo essere separati. Non distinguiamo chiaramente né fondendoci con i fenomeni né evitandoli. Quando vediamo con chiarezza, godiamo della sicurezza che deriva dal non essere un'entità sotto attacco. L'ego pretende di essere indipendente, ma in realtà è molto facilmente influenzato e ferito dalle circostanze. Il nostro io elabora un ampio ventaglio di manovre difensive – nessuna delle quali è veramente efficace, giacché l'io ha bisogno di un contatto diretto con l'ambiente per esistere. La nostra mente calma, essendo meno reattiva, è capace di lasciare accadere gli eventi e di osservarli con attenzione consapevole e non coinvolta. Quando la nostra attenzione concentrata determina un senso di quiete, la nostra mente è meno turbata da ondate di speranza e di paura.

Eventi, pensieri, sentimenti, sensazioni e così via continuano a scaturire, eppure sembrano avere sempre meno a che fare con noi. Non ci raggiungono, né ci controllano o travolgono. I fenomeni appaiono come forme illusorie e fuggevoli che si muovono nello spazio della nostra mente tranquilla. Praticando in questo modo arriviamo a dimorare in quella che chiamiamo la verità relativa pura. In essa continuiamo a identificarci nel senso che *"Siamo qui come soggetti che sperimentano oggetti"*, ma ora gli oggetti sono più semplici, perché non stiamo dicendo loro cosa sono. Non li stiamo guardando attraverso la mediazione della nostra preoccupazione per guadagni o perdite; guadagni nei termini del nostro desiderio, *"Cosa posso ricavarci qui"*, e perdite nei termini dell'avversione generata dalla paura che la nostra certezza o sicurezza possano esserci sottratte. Divenire rilassati e spaziosi e accogliere tutti gli esseri in questa equanimità aperta, è il cammino comune di tutti gli insegnamenti mahayana, incluso il tantra.

S SEMPLICEMENTE ATTRAVERSARE

Quando ci rilassiamo nello spazio aperto, nella presenza della purezza intrinseca del cuore di tutti i buddha, la nostra mente e l'energia della nostra mente sono qui, inseparabili nella non dualità. Quando siamo presenti in quanto base aperta dell'energia, tutto ciò che sorge è chiarezza, ma quando siamo distratti dalla sensazione che soggetto e oggetto siano entità reali, allora tutto ciò che appare è illusione e occulta dove effettivamente ci troviamo. Nello dzogchen il modo di trattare l'illusione consiste in primo luogo e semplicemente nel riportare l'attenzione su colui e come colui che ha l'esperienza. Ciò facendo, la nostra attenzione concentrata si rilassa nella sua stessa base, vale a dire la nostra consapevolezza aperta e non nata.

Nella vita di tutti i giorni siamo spesso fusi con l'esperienza, catturati nel flusso degli eventi, come se attore e azione fossero una cosa sola. Questo modo di fare esperienza può sembrare gradevole quando l'esperienza ci piace, eppure manca di discernimento, dato che non possiamo vedere che cosa stiamo facendo. Quando pratichiamo la calma concentrazione e poi ampliamo la nostra attenzione per permetterle di registrare il flusso di esperienza, è come se ci separassimo da quanto accade e divenissimo capaci di osservarlo. Questo ci consente di fare scelte più coscienti, ma può anche intensificare la nostra percezione di essere un soggetto separato, uno capace di conoscere, pianificare e agire.

Però la nostra attenzione, in quanto qualità o capacità della nostra identità individuale, non dimora in sé stessa, poiché ha bisogno di un oggetto per sostenere la propria esistenza. L'io necessita di un contatto con qualcosa di distinto da sé, pertanto la nostra attenzione è ancora suscettibile di essere sviata, di essere trascinata nel flusso dell'esperienza dualistica. L'ego è una sequenza di formazioni temporanee la cui comparsa o scomparsa è dovuta a cause e condizioni. Fintanto che la nostra identità si determina sull'essere un sé individuale, saremo condizionati dalle circostanze. Anche se pratichiamo il calmare la mente e raggiungiamo un livello di concentrazione indisturbata, stiamo usando una pratica per produrre buone cause e ottenere buoni risultati. Una volta esaurito il carburante, il razzo torna sulla terra. Dobbiamo trovare il modo di essere recettivi e pronti a rispondere senza perderci. Abbiamo bisogno di essere presenti, spaziosi e disponibili senza attaccamento o dipendenza. Perché quando osserviamo qualcosa che ci rende felici, colui che è felice potrebbe sentirsi realmente e pienamente felice, eppure è parte indissolubile di un'esperienza transitoria. Questo dovrebbe esserci chiaro dato che, se un minuto dopo qualcuno dice qualcosa che non ci piace, il nostro sentimento di felicità svanisce rapidamente. Ma quando siamo felici, la nostra fissazione sull'intensità del momento sembra chiuderci in una bolla. Quando questa scoppia ci troviamo nella bolla successiva e quando scoppia anche quella ci troviamo seduta stante, senza soluzione di continuità, in un'altra ancora. Ciò crea sia l'illusione di un sé permanente e conoscibile, sia una mancanza di attenzione alle contraddizioni tra i diversi momenti-bolla, ognuno dei quali è considerato come la *"cosa vera"*.

Nello dzogchen, tuttavia, non fondendoci con l'esperienza e neppure sforzandoci di starcene in disparte e osservare, comprendiamo che la nostra attenzione è un aspetto dell'energia della nostra consapevolezza. Così ci rilassiamo nella nostra presenza come colui che sperimenta e, rimanendo con, in e come colui che sperimenta, ritroviamo noi stessi sia nella, sia come aperta consapevolezza non nata.

Nello dzogchen, questo è esemplificato dall'immagine della sfera di cristallo. Se appoggiate una sfera di cristallo su un tessuto verde, essa assumerà un colore verde, se la ponete su un tessuto rosso, assumerà un colore rosso. La sfera in sé non è né verde né rossa. Tuttavia, se nel momento in cui appare verde affermate *"Questa è una sfera verde"*, si tratta di mera illusione. La sfera sembra verde, ma non lo è. Per cause e condizioni essa appare verde, ma la sua qualità reale non è essere verde, la sua vera qualità è la trasparenza.

La verità della nostra mente assomiglia a questa sfera trasparente, perché è come se le cose felici ci rendessero felici e quelle tristi ci rattristassero. Il nostro essere aperto, non sostanziale, non ostruisce e non è ostruito. Grazie a cause e condizioni noi sperimentiamo molte cose diverse, le esperienze sorgono come frutto dell'interazione tra soggetto e oggetto che si manifesta nel campo della consapevolezza. Non rendendoci conto che è di questo che si tratta, veniamo attirati in uno scenario dualistico in cui ci identifichiamo fortemente con una polarità, me stesso, e nutriamo molti pensieri sull'altra polarità, ovvero tutto il resto. Quando ci aggrappiamo alla colorazione transitoria della sfera di cristallo, sperimentiamo l'incessante movimento della nostra vita nel samsara. Colui che si aggrappa è lui stesso una colorazione. Com'è strano e triste che una vuota illusione debba causare tanta pena in esseri che sono loro stessi illusori.

In tibetano ci si riferisce spesso agli esseri senzienti con il termine *"dro wa"*, ovvero esseri che si muovono qua e là senza tregua. Eppure di fatto noi, nel nostro vero essere, non ci muoviamo affatto. La nostra mente è di per sé stessa rilassata, aperta e completamente stabile pur dispiegando ogni genere di fenomeni passeggeri, alcuni in apparenza *"esterni"*, altri *"interni"*.

Attimo per attimo questo particolare schema di fenomeni emergenti è tutto quel che c'è. Ciò che scaturisce è inseparabile dalla base e svanisce come un arcobaleno nel cielo. Ma se noi opponiamo resistenza alla realtà della scomparsa di questa specifica formazione soggettiva, e crediamo di essere un'essenza durevole e indipendente dal contesto, ecco che veniamo sbalzati da un istante-bolla a quello successivo.

Ignoriamo la nostra base aperta e la manifestazione ingannevole, confondiamo e sviamo noi stessi nell'illusione della reificazione e dei suoi relativi racconti auto-giustificativi.

Una delle caratteristiche dell'ignoranza consiste nel sentirsi persi e ansiosi. Al fine di rassicurare noi stessi, siamo sempre occupati a trovarci qualcosa da fare. Tale attività genera il nostro senso di sé, costruendo la nostra identità in base a ciò che ci piace e non ci piace, ai nostri successi e fallimenti. È un circolo davvero vizioso: ignoro la base aperta del mio essere e confondo me stesso con l'identità che si è forgiata nel dialogo con gli altri; questa identità non è sostanziale, è contingente e inaffidabile, cosicché sono perennemente occupato a edificare me stesso; di conseguenza sono preoccupato e mi manca la tranquilla presenza aperta che mi permetterebbe di percepire la base aperta del mio essere.

Questa mobilitazione concentrata e assidua pare tutelare la nostra sicurezza, ma gli eventi scombinano i nostri piani e l'attivazione nervosa che ne deriva interrompe il nostro rilassamento. Il nostro tormento sembra dire *"fai di più, fai meglio, impegnati maggiormente"* e questo ci allontana ulteriormente dalla porta aperta e sempre presente del qui e ora. Essendo stati educati a credere nello sforzo, può essere difficile fidarci del fatto che lasciar correre e rilassarsi siano la via che conduce a casa.

Chem Chok Heruka Yab Yum

Ruggente vacuità
Distruggi ogni illusione
Ferocemente ci liberi
con amore non nato

L'insegnante

Una nota preghiera tibetana del rifugio recita: *"Mi rifugio nel Buddha, la migliore di tutte le creature bipedi. Mi rifugio nel Dharma, che è tranquillo e libero dal desiderio. Mi rifugio nel Sangha, la migliore comunità".* Il mio insegnante era solito dire: *"Preferibile tra questi è il Dharma, perché è tranquillo e libero dal desiderio. Il Buddha vuole che raggiungiate l'illuminazione, il Sangha si adopererà e vi aiuterà a conseguirla, ma il Dharma da voi non vuole nulla. Scommettete sul Dharma!".* "Libero dal desiderio" suona molto gradevole. Il Dharma è lì, semplicemente. Il Dharma è lì, sia che lo raccogliate, sia che lo ignoriate. Non si offenderà se non siete affatto interessati a lui. Non si esalterà se siete molto interessati a lui. Il Dharma è il Dharma, ed è un ottimo rifugio perché è sempre lì, aperto e senza pregiudizi o tessere associative. Ha sempre lo stesso gusto, cosicché ogni volta che lo praticate trovate la stessa attenzione e lo stesso benvenuto. Non è come una relazione di coppia in cui, quando parlate con il vostro compagno, ciò che gli dite cambia il suo umore, che a sua volta cambia voi. Cambia il vostro lavoro, cambiano i vostri figli e cambia il tempo. Tutto cambia tranne ciò che non cambia. A non cambiare sono la vacuità e l'apertura. È questo il vero significato di Dharma.

Il mio insegnante più importante è stato il tardo Chimed Rigdzin, noto anche come CR Lama. Era un lama sposato che viveva con la sua famiglia e che, quando ho avuto modo di conoscerlo bene in India, insegnava in università. Era un grande studioso, un personaggio molto influente, e non era affatto un santo. Conduceva una vita assolutamente comune. Le sue qualità si manifestavano senza che lui facesse nulla per rivendicarsele. Nei lignaggi del Buddhismo tibetano esistono molti stili diversi di pratica. Alcuni appaiono molto puri e santi; vale a dire che si collocano nel dominio del sacro e creano un'atmosfera che si distingue dalla vita normale. Quando incontrate questo tipo di ambiente, avete la possibilità di sperimentare qualcosa di diverso dalla solita esistenza. Questi ambienti tendono a essere ritualizzati e coreografati, cosicché ciascuno sa qual è il suo posto e cosa gli è consentito o non consentito fare. Il mio insegnante, tuttavia, era molto preso dalle faccende quotidiane. La sua passione era fare politica in università, cioè sostenere gli amici e attaccare i nemici. Attività questa non propriamente santa. Ma, oh, quanto piacevole! Per molti anni come suo segretario ho dovuto scrivere, partendo dal suo inglese tutto speciale, lettere molto oltraggiose indirizzate a persone importanti. Per entrare nel suo mondo ho dovuto rinunciare a molte delle mie convinzioni riguardo a quale sia il giusto modo di vivere.

Alla fine, ognuno di noi per praticare deve trovare uno stile in armonia con l'energia del suo potenziale, poiché esso reagisce a ogni singolo ambiente in cui ci troviamo. Essere nel mandala, o nell'ambiente che Rinpoche creava, mi turbava molto, ma era anche liberatorio. Apriva lo spazio per capire che il nostro mondo è veramente un costrutto, opera delle nostre convinzioni e congetture. Liberare noi stessi dalla verità relativa, una verità fondata sul confronto e sul contrasto, richiede un atto di fede. L'incoraggiamento a compierlo era il dono meraviglioso di Rinpoche.

Guru è una parola che ha molte etimologie. Il mio insegnante mi ha detto che una di esse, fondamentale, rimanda al termine sanscrito per mucca. Infatti, se mangi molta carne di manzo ti senti parecchio appesantito, e il Guru è un tipo pesante. In sostanza il Guru è qualcuno che impartisce un insegnamento volto a suscitare una trasformazione o un risveglio. Il Guru rappresenta il lignaggio ininterrotto della trasmissione dal tempo del Buddha. La questione principale riguardo ai Guru è che dovrebbero avere studiato molto e avere compreso ciò che hanno studiato. Poi dovrebbero aver messo profondamente in pratica l'oggetto dei loro studi ed essersi risvegliati alla sua verità. Dovrebbero quindi essere in grado di comunicare tutto ciò in maniera che sia di impatto per le persone a ogni livello, quello del loro corpo, quello del loro sistema energetico, quello dei loro sentimenti e del loro pensiero. In tal modo aiutano le persone a cambiare e ad acuire il loro sguardo, facendo sì che incomincino a sperimentare dei vuoti nel flusso delle loro supposizioni. Questi vuoti sono il primo assaggio dello spazio in cui si manifesta ciò che è. La funzione del Guru è questa, e può essere adempiuta in modo formale, informale o con una mescolanza di entrambi.

CR Lama ci raccontava che da bambino era stato riconosciuto come tulku, ovvero un lama incarnato, per cui doveva essere coinvolto nei rituali del monastero in modo visibile, e sedere su un trono accanto agli altri lama di rango elevato. Ogniqualvolta aveva luogo un'iniziazione pubblica, arrivavano a riceverla abitanti del villaggio e forestieri, che alla fine facevano un'offerta. Il lama principale riceveva numerose offerte, ma anche ai tulku molto giovani come CR Lama talvolta offrivano qualcosa. Di solito veniva loro donata una sciarpa bianca, detta khata, ma non succedeva sempre. Capitava che CR Lama se ne stesse seduto, e qualcuno si avvicinasse porgendo una khata. Se Rinpoche si piegava in avanti per riceverla, ma non era destinata a lui, il suo insegnante, che gli sedeva accanto, gli dava una pacca sulla nuca. Devi imparare a non presumere che una cosa sia per te finché non ti viene effettivamente offerta. Ma se qualcuno sta porgendo l'offerta proprio a te e tu non reagisci immediatamente al suo gesto, anche in tal caso puoi prenderti una pacca. Non trattenerti e non essere precipitoso, sii pienamente presente, proprio qui.

Questa è anche l'istruzione di fondo per la meditazione. Perché? Perché il nostro compito non è congetturare su cosa si accingono a fare gli altri, o addirittura il contenuto della nostra mente. Dobbiamo essere presenti, aperti e consapevoli. Rispondiamo solo se necessario.

Altrimenti rimaniamo rilassati, ancorché vigili. Se ci lasciamo trascinare in un sogno a occhi aperti o in una qualche aspettativa, non siamo qui. Il mondo dei concetti è una terra del mai e poi mai, un regno della finzione. Molto di ciò che accade in esso è affascinante, ci induce a costruire fantasie che conducono soltanto ad altre fantasie. Possiamo osservarlo in noi stessi. Notate quanto spesso portiamo nel mondo le nostre aspettative e le nostre congetture, comportandoci come se fossero vere. Se abbiamo potere, possiamo agire in modo da costringere l'ambiente a soddisfare temporaneamente le nostre aspettative, ma prima o poi il nostro fantasticare non reggerà e noi ci ritroveremo delusi e insoddisfatti. Essere freschi significa che attimo per attimo noi siamo qui con ciò che c'è, non altrove con ciò che potrebbe essere.

Quando Chimed Rigdzin giunse in India dal Tibet, ebbe l'opportunità di disporre di un piccolo monastero molto grazioso a Tsopema, una località situata sulle colline dell'Himachal Pradesh. Il clima è assai gradevole da quelle parti, e il monastero si trova nei pressi di un lago sacro a Padmasambhava. Perfetto. Lui fece un ritiro in quel luogo ed entrò in ottimi rapporti con il governante locale, il re di Zahor, che divenne suo sostenitore. Rinpoche possedeva una bella fotografia del re in completo da sera e farfallino, in piedi accanto al suo pianoforte a coda, al quale sedeva sua moglie, lei pure in abito da sera. Un'atmosfera talmente lieve e rilassata, che lui fu tentato di rimanere. Ma se possiedi un monastero hai bisogno di soldi, e se hai bisogno di soldi devi renderti gradito ai tuoi sostenitori. Sei costretto a dedicare un sacco di tempo a futili chiacchiere con gente che non ha la minima intenzione di praticare, ma vuole apparire speciale. Così CR Lama optò per un posto in un'università indiana e uno stipendio a ogni fine mese. L'università lo dotò di un regolare contratto da rispettare e di un'abitazione. Lui sosteneva che questa era la soluzione migliore. Per la pace della mente non è auspicabile trovarsi alla mercé degli umori e dei capricci della gente.

L'aspetto più importante della trasmissione è la relazione con l'insegnante. L'insegnante è la sede della vacuità, e il contatto con tale vacuità può alterare in modo radicale il nostro *"essere-nel-mondo"*. Noi vediamo l'insegnante operare fuori dal nulla, fuori dallo spazio, testimoniare direttamente la spontaneità della mente vuota. Tutte le cose sono così. L'insegnante è quell'essere particolare che dimostra la singolarità della normalità. Vale a dire, la profonda unicità della vacuità che tutto pervade.

Quando riteniamo che qualcuno sia un grande insegnante, possiamo credere che lui sia una manifestazione del fondamento primordiale. Pur considerandoci persone comuni, siamo anche noi espressione di quel fondamento. Volendo darne un giudizio o una valutazione, di una persona possiamo dire che è superiore o inferiore, ma in quanto alla nostra connessione con la base aperta, tutti gli esseri sono assolutamente identici. Rimanere rilassati e aperti al fondamento rivela il gioco spontaneo della manifestazione. Vivere questa non dualità rende il mondo molto più praticabile.

Una delle prime cose che mi disse CR Lama fu che non esistono iniezioni di illuminazione. Non esiste una specie di sostanza di Buddha che ci si può procurare per iniettarsela nel braccio e sballare. Entrando in contatto con il Dharma si entra in un gioco in cui affiorano tutti i propri limiti, le proprie confusioni ed errate comprensioni. Per imparare a non fare affidamento su fenomeni illusori occorre essere presenti nella chiarezza della nostra mente – nessuno può farlo in vece nostra. Noi rinunciamo all'illusione aprendoci alla sua vacuità. Dobbiamo divenire consapevoli dei contenuti della mente e intimi con essi – intimi, ma senza esserne impregnati.

CR Lama spesso diceva che se avesse incontrato Padmasambhava, la prima cosa che avrebbe fatto sarebbe stata di colpirlo. Perché? Perché se fosse stato l'autentico Padmasambhava, avrebbe avuto un corpo di luce e non se la sarebbe presa. In realtà, si sarebbe perfino rallegrato di avere almeno un allievo capace di pensare con la propria testa. Se invece non fosse stato il vero Padmasambhava, avrebbe tagliato velocemente la corda. Quindi, in entrambi i casi lui, CR Lama, sarebbe stato al sicuro. L'ingenuità non è una buona base per entrare nel Dharma. Ciò non significa che non possiamo avere fede o speranza o fiducia, ma esse devono possedere un grado di maturità condito con un pizzico di scetticismo.

Quando abitavo con il mio insegnante avevo una piccola stanza sul retro della casa. La stanza era stipata di scatole di metallo piene di carte e faceva molto caldo. C'era una finestra senza vetri ma munita di sbarre, e io di solito tenevo le imposte aperte. Un giorno, quando tornai a casa dal paese, aprii il lucchetto attaccato alla porta, entrai nella mia stanza e scorsi all'interno il movimento di un serpente. Andai dalla moglie del mio insegnante e la pregai di darmi un lungo stecco per poterlo scacciare. Il mio insegnante si affacciò e mi chiese cosa stessi facendo, visto che ero sdraiato sul pavimento nel tentativo di stanare il serpente dall'angolo con il bastoncino. *"Cerco di liberarmi del serpente"*, dissi. *"L'unica cosa pericolosa qui sei tu"*, replicò, e uscì. Ed è vero... è la nostra mente a essere pericolosa. Ci sono molti serpenti in India, ma per lo più sono del tutto innocui. Stavo facendo un gran baccano per nulla.

L'agitazione non è un male in sé; il punto è il nostro coinvolgimento in essa. Quando traducevo testi con il mio insegnante in India, lavoravamo nel cortile sul retro. All'epoca teneva dei cani sul tetto e quelli abbaiavano tutto il tempo. La domestica faceva un gran fracasso, sbatacchiando le sue pentole e padelle. La moglie di Rinpoche strillava alla domestica, la domestica strillava di rimando, ed io mettevo per iscritto la traduzione e la passavo al dattilografo. Costui sedeva al tavolo al mio fianco e lavorava molto velocemente. Ogniqualvolta finiva di battere, rimaneva seduto a schioccarsi le dita. Erano molte le attività che si svolgevano in quel nostro ambiente alquanto caotico, ed erano tutte valide. Ciò che qui conta è che noi possiamo scegliere se lasciarci distrarre o no. Se aspettiamo che si presentino le condizioni ottimali, potremmo dover aspettare a lungo.

Nella sfera spaziosa della rivelazione si manifestano tutte le possibili forme di esperienze. Da dove vengono? Provengono dallo spazio stesso, sono le forme dello spazio. Lo spazio rivela sé stesso attraverso queste forme. Similmente, la vacuità della mente rivela le forme dei nostri vari pensieri e sentimenti. Perché mostra queste diverse forme? Quando posi al mio insegnante questa domanda, lui disse: *"Bene, quando incontri Kuntuzangpo, chiediglielo."*. Vale a dire: *"Taci, e osserva la tua mente."*. Alcune domande sono stupide e non ha senso porle. *"Perché?"* spesso è una parola molto pericolosa, non di rado è il segno di una nostra intellettualizzazione. Utile è chiedersi chi sia colui che pone la domanda. Se si tratta del Signor Sapientone, probabilmente non è molto utile continuare. Se invece si tratta del Signor Modesto, potreste approdare da qualche parte, giacché un'indagine aperta, priva di congetture, può condurci al luogo della nostra semplice consapevolezza.

Potremmo incontrare delle difficoltà qualora ritenessimo di avere bisogno di prove prima di decidere riguardo a un insegnante o a un insegnamento. Ti dicono: *"Dovresti mettere alla prova il tuo insegnante per dodici anni prima di prendere una decisione"*, ma a quel punto potrebbe essere morto. Così, come si fa a sapere? Ricordo che una volta, traducendo un testo con CR Lama, rilevai un'incongruenza tra la descrizione data in quel testo e quella data in un altro su cui avevamo lavorato. La segnalai a Rinpoche e lui disse: *"Chi ti ha incaricato di ispezionare il dharma? Lavori per la CIA?".* Qui sta il busillis. Chi sono io per giudicare se è giusto un testo o l'altro? C'è un tempo per le verifiche e uno per la fede. L'intelligenza della nostra intuizione, la dolce prontezza della mente è solitamente più affidabile e utile delle conclusioni che traiamo dai concetti. Noi siamo i riconoscenti beneficiari del dharma e non dobbiamo fare altro che mangiare quanto ci viene servito nella ciotola. *"Ma forse è la cosa sbagliata"*. Allora questa è la nostra fortuna. Eppure se mangiamo quello che riceviamo, sperimenteremo direttamente i vantaggi e i limiti della situazione. Sottoponete a verifica la situazione partecipandovi, osservate la vostra mente – ora avete un buon indizio per la vostra decisione. Se invece restiamo nel regno del pensarci su, del giudicare e del verificare, allora siamo come il perno della ruota dei concetti. Tutti i raggi convergono e si riuniscono in noi mentre soppesiamo e confrontiamo, e il nostro ego rimane la misura di tutte le cose.

TERRE D'OMBRA

L'ansietà interiore fiorì per me
Precocemente, il suo profumo di sfiducia
Permeava ogni esperienza.

Il canto di paura, preoccupazione
E vendetta soverchiò
I ritmi che altri assecondavano.

Avendo perso il passo
Nella danza del mondo, vagavo
Solo, diffidando di ogni incontro
Nel deserto attorno a me,
Bisognoso e a disagio.

La partecipazione era parziale
Furtiva, insostenibile
Desioso ma disperato
Pervicace ma insoddisfatto.

La diffidenza spalanca la terra d'ombra
Ove la solitudine si cela nella paura e nel disprezzo
Uno spazio alienato, destinato
A essere dimora per i simili a me,
Quelli che, paventando inganni
E umiliazioni, tradiscono la vita
Permettendo alla morte di baciare la sposa.

Le fughe nel trascendente attraggono i senza tetto
Promettendo vittoria lontano dalle sfide dell'appartenenza.
Fu il sole nascente a invitare
Questo abietto rabbioso alla fantasia di un nuovo inizio.

Ma pesi antichi mi portavo nel sangue,
Nelle ossa e nelle più sublimi aspirazioni;
La luce della speranza si rifrangeva attraverso
Amare conclusioni scarsamente riconosciute.

Di te stesso dicevi:
"Non mi fido di nessuno, e
In primo luogo non mi fido
Di me stesso."

Io, allievo fedele, ti credevo,
E praticavo la più alta sfiducia
Perché mi fidavo della mia interpretazione
di te.

Anni trascorsi a faticare, a produrre
Il sacro, mentre la segatura mi riempiva la bocca.
Apertura, spazio e amore
Accrescevano la mia amarezza e io lottavo
Per dare un senso a tutto ciò che non potevo
Permettere. I miei limiti personali
Limitavano il mondo e il mio banale ego-centrismo
Mi rendeva cieco, frustrato ed evangelico.
Non lo afferravo.

Non lo afferravo
Perché tu non lo davi.
Non lo afferravo
Perché ero indegno.

Che non ci fosse nulla da afferrare,
Beh, la mia agitazione manteneva ciò
A livello puramente teorico.
Che finiamo per trovare ciò che cerchiamo
È un dato di fatto ben noto e doloroso.

Il rinnovato dolore rivelava che il mio anelito
Alla felicità era mera apparenza.
Le lacrime non erano un caso,
Segnavano la conquista di una meta più profonda.

Vedendo la base spezzata del mio sé
Vedendo un fondamento troppo fragile su cui costruire
Gentilmente lo demolisti per me.
Eppure io, resistendo alla salvifica caduta libera,
Mi aggrappai ai suoi cocci
E ti accusai di avermi abbandonato.

Volevo essere rassicurato
Ma tu fosti persino più gentile.
Ora che in questi anni errabondi
I cocci sono diventati lievi, essi
Trovano il loro posto nello spazio come spazio,
Come piccoli arcobaleni, godibili
Purché non ci si aggrappi.

Te ne sei andato. Non andato via
Ma andato nel dissolversi
della lotta dialogica, il
Perpetuo rompicapo.
Tu non sei *"altro"* e il *"sé"* ritorna
A casa, al campo che non ha mai lasciato.
Tenerti a distanza, renderti speciale
Era solo un'altra mossa nel gioco del
"Costruiamo una prigione".

La verità è intransitiva, non attraversa
Nessun terreno, non raggiunge nessun luogo,
Non si affida a nessuno.

La fiducia è, semplicemente è,
Infinita, unica,
Il campo che tutto accoglie.

La fiducia non richiede né fedi né credi,
Non è pensiero e neppure emozione:
È la semplice apertura del cuore,
Il benvenuto infinito che l'essere
Dà al manifesto.

Stavo studiando una lunga preghiera su Sukhavati, il Paradiso dell'Ovest, composta da un Lama Kagyu. Lo scopo della preghiera è di creare una base per una connessione, cosicché, quando moriremo, rinasceremo in quel paradiso occidentale di beatitudine. Il testo descrive splendidamente come, dopo la sua morte, Amithaba, il buddha regnante, sarà succeduto da Chenrezi, alla cui morte subentrerà Vajrapani. La preghiera ci dice quanto a lungo ciascuno di loro regnerà su questo bel regno di buddha. In seguito mi misi a lavorare su un altro testo che riportava cose completamente diverse sul futuro di Chenrezi. Non menzionava neanche che sarebbe andato a Sukhavati. Chiesi a CR Lama come poteva essere. Lui disse: *"Beh, se leggi un libro, credi a quello. Se ne leggi un altro, credi a quell'altro. Se provi a metterli a confronto, diventerai matto."* Penso che sia vero. La fede e un cuore aperto ci conducono più lontano e in profondità di una lettura critica.

Insegnamenti giudicati speciali, statue considerate speciali, insegnanti considerati speciali lo sono solamente nei termini della nostra relazione con loro. La domanda è se usiamo questa relazione in modo utile o inutile. Possiamo usare la nostra connessione con questa singolarità percepita per inflazionare il nostro ego, oppure per sviluppare la nostra devozione verso la pratica. La verità oggettiva e l'esperienza soggettiva raramente coincidono. Da un punto di vista buddhista, tutto ha lo stesso valore di fondo, perché la vacuità è la sorgente di ogni cosa. Tutti gli esseri senzienti sono identici nella vacuità, sebbene differiscano nell'aspetto. Questo è il loro valore autentico e dovrebbe essere rispettato. In tutti gli esseri viventi, buddha è totalmente presente nel potenziale della base del loro essere. Se ci inchiniamo al guru, dovremmo inchinarci a chiunque, poiché è al buddha nel guru che noi ci inchiniamo, non alla sua personalità. Nulla è speciale e al contempo tutto lo è. Le qualità si manifestano per cause e condizioni; vanno e vengono. Prendendone atto, possiamo rilassarci e aprirci a ogni cosa. Solo l'apertura indistruttibile del vajra non cambia mai ed è quindi veramente affidabile. Essa dimora nel cuore di tutti gli esseri.

Un elemento chiave nell'operare con le mutevoli circostanze del mondo, è avere la libertà di andarsene. Se non puoi disertare una qualche situazione, significa che sei colluso con le sue limitazioni. Sei in trappola. Uno dei migliori insegnamenti mai ricevuti da CR Lama è il seguente: *"Procurati sempre un biglietto di ritorno."*. Ovunque tu vada, fai in modo di avere un biglietto di ritorno. Rinpoche viaggiava molto per motivi di insegnamento e questo di solito comportava che soggiornasse da qualcuno. A volte costoro avevano un atteggiamento parecchio strano nei suoi confronti. Sulle prime al telefono gli dicevano: *"Oh, venga Rinpoche, per favore, faremo di tutto per lei."*. Ma non appena giungeva sul posto, gli servivano il cibo che piaceva mangiare a loro e non lo trattavano con molto riguardo. Siccome una volta era rimasto incastrato in simili frangenti all'estero e senza biglietto per tornare a casa, decise che non si sarebbe lasciato intrappolare mai più. *"Se rimanere non è favorevole, vattene via"*. Questo è molto importante. Mettersi nelle mani di gente sbadata raramente porta a qualcosa di utile.

Il mio insegnante spesso agiva in modi che giudicavo affatto ignobili. Non riuscivo proprio a capire il suo comportamento. Di sicuro scorgeva nelle situazioni molte più opportunità di me. Sapeva essere estremamente generoso e gentile con la gente elargendo soldi, tempo, cure e attenzione, sfamando gli occidentali spiantati e vagabondi che girovagavano per l'India, invitandoli in casa sua e mostrandosi incredibilmente ospitale e cortese. Poteva essere anche molto spiccio.

Una volta ci recammo insieme a una conferenza a Benares. All'arrivo scendemmo dal treno con il nostro bagaglio e le nostre carte chiuse in un baule metallico con maniglie alle due estremità. Rinpoche chiamò un facchino, costui si sistemò il baule sul capo e lo portò fuori fino a un tonga, un carretto trainato da cavalli parcheggiato all'ingresso della stazione. Stavamo andando a Sarnath, il luogo dove il Buddha diede i suoi primi insegnamenti di Dharma. Quando raggiungemmo il tonga, il facchino chiese parecchi soldi, aspettandosi che noi contrattassimo un prezzo adeguato, ma il mio insegnante replicò: *"Non ti darò mai il denaro che chiedi per questo lavoro. Non ti pagherò qui. Ora riportiamo le casse al treno. Ti pagherò là, qui da me non prenderai mai un soldo perché sei un bugiardo e un truffatore.".* Quindi si rivolse a me: *"Aiutami a sollevare il baule e a risistemarglielo in testa.".* Il facchino si abbassò, aggiustandosi il piccolo turbante rosso per ricevere il baule. Io reggevo una maniglia e il mio insegnante l'altra. Improvvisamente Rinpoche sollevò la sua estremità e la fece piombare sulla testa del facchino. Bang! Il facchino cadde. Allora il mio insegnante gli diede tutti i soldi che aveva preteso, e noi salimmo sul tonga e partimmo. Che mai significava tutto ciò? Proprio non lo compresi. Rinpoche si limitò a dire: *"Eh, certe cose capitano.".*

Più tardi andammo alla conferenza, poi nel pomeriggio facemmo un giro intorno allo stupa e Rinpoche distribuì molto denaro a tutti i mendicanti del luogo. La vita con lui era così. Aveva una gamma di attività che mi era molto difficile capire. Desideravo che fosse un *"buon lama"*, secondo i miei criteri, ma le mie idee di giusto e sbagliato non includevano il suo modo di essere. Quel suo scompigliare le mie supposizioni spesso mi metteva in confusione e suscitava in me emozioni conflittuali. Il tentativo di comprenderlo, di chiarire quello che faceva, a poco a poco si rivelò una perdita di tempo. Lui era quello che era – diretto, impavido, spudorato, puntava dritto al cuore delle situazioni. Analizzare il suo operato serviva solo a emarginarmi, giudicare e affogare in congetture.

Quando imparai a lasciare che lui fosse se stesso, fui capace, almeno un poco, di consentire a me di essere me stesso. Come per le increspature nella corrente della vita, il *"vero significato"*, ciò che conta, è l'essere qui. Non so perché facesse ciò che faceva. Lo faceva e basta.

Oggi esiste un grande culto della felicità e un monaco buddhista viene addirittura definito nei media come *"l'uomo più felice del mondo"*… ma è davvero questo il senso della vita? CR Lama era felice di rado, spesso era di cattivo umore e quand'era di cattivo umore non lo teneva per sé; compassionevolmente lo condivideva con tutti! Viveva nella sua pratica. Non bloccava e non modificava nulla, non era finto. Lavorava con l'espressione dell'energia della sua vita, così come si manifestava. Sarebbe stato più semplice per noi se fosse stato cortese e amabile, perché in tal caso avremmo vissuto più rilassati e senza attriti. Rinpoche, invece, aveva l'abitudine di provocare tutti. In realtà lui si divertiva a farlo quasi a dire: *"Non fingere, non ci guadagni nulla nel far credere di essere ciò che non sei. Non giocare a essere meglio di ciò che sei, più felice di quanto tu non sia. Non essere falso."*. Naturalmente nel mondo esterno può essere necessario comportarsi con cortesia, e nelle occasioni mondane lui sapeva essere molto affascinante con tutti. Era il suo modo di lavorare con i loro limiti, ma con i suoi studenti era diverso.

Un breve verso in elogio di Padmasambhava che gli piaceva molto, inizia così: Ma Choe Troe Dral Lama Choe Kyi Ku, ovvero: il lama del dharmakaya è libero da costrutti artificiali e fantasiosi. È precisamente questa la qualità di CR Lama che sto descrivendo. Significa essere aperti e lasciare che il gioco delle apparenze illusorie si riveli attraverso di voi. Poiché siete parte del dramma della vostra esistenza, ne siete toccati e mossi senza essere mai toccati e mossi. L'apertura intrinseca è indistruttibile.

Per quanto la nostra effettiva, autentica presenza sia sempre aperta, improvvisamente, senza una ragione particolare, siamo catturati da un pensiero. Quando il pensiero ci afferra, iniziamo a *"esistere"* come *"io, me, me stesso"*. Ciò non è dovuto a un incantesimo, non è il capriccio di un Dio e neppure una punizione. Semplicemente, è un momento in cui la naturale, spontanea autoliberazione dei fenomeni pare interrompersi. Si genera un moto auto-riflessivo e spunta un'idea di per sé vuota e fugace, ma in qualche modo *"appiccicosa"*.

Sembra si attacchi a un'altra idea, poi ecco comparire una catena di pensieri collegati fra loro, a nascondere l'apertura della presenza, così come minuscole gocce si aggregano per formare nuvole che pare escludano il cielo.

Il mio insegnante mi spiegò che questo slittamento e attaccamento sono paragonabili a un uomo ubriaco che cade giù dalle scale. Arriva in fondo e *"Uh??"*. Dapprima vi è disorientamento, poi insorgono pensieri che sembrano volti a rassicurare. Dal momento che fa affidamento su di loro, lui non vede chiaramente dov'è, non si rilassa né si orienta. Piuttosto incomincia a inventarsi delle storie su dove si trova. Siccome nel tentativo di dare un senso alle cose ha perso di vista la presenza intrinseca della realtà, si trova ad affrontare l'eterna domanda *"Che cosa sta avvenendo?"*. Cerca ansiosamente di colmare lo spazio vuoto che questa domanda ha provocato, cosicché si ritrova in un fiume di risposte, ognuna delle quali svanisce rapidamente, lasciando che lo spazio vuoto torni a palesarsi. Quanto più i pensieri sono presi seriamente, tanto più essi aumentano e incrementano il senso di *"io sono io e tu sei tu"*, consolidando la separazione dualista. Su questa base, noi riteniamo che il senso del sé e dell'altro siano sostanzialmente reali, e questa illusione alimenta il motore perpetuo del karma.

Rinpoche mi diceva che frizionando il cuoio con il burro possiamo ammorbidirlo, se però usiamo le pelli per conservare il burro, dopo un certo tempo la pelle si secca, diventa dura e fragile. Analogamente, se trasformiamo noi stessi in recipienti di cuoio e immagazziniamo il dharma dentro di noi senza adoperarlo, diventiamo duri e fragili. Diventiamo esperti che sanno usare le parole del dharma, ma la sua vera ricchezza, il suo burro, non ci rende più morbidi. Dobbiamo massaggiare la nostra pelle e il nostro cuore con il dharma tramite la dedizione totale alla nostra pratica quotidiana.

Quando io e CR Lama vivevamo a Shantiniketan, c'era una donna, un tempo docente universitaria, che era diventata squilibrata e a volte usciva quasi di senno. La sua famiglia viveva questa situazione con difficoltà, anche perché la società colta bengalese è molto per bene e alquanto rigida. Quando la donna era in condizioni di squilibrio e vulnerabilità, accadde che la moglie di Rinpoche volesse portarla ad abitare con noi. Ma lui le disse: *"Se la porti qui, te ne occupi tu! Se trovi il tempo e l'energia per badare a una donna pazza in una casa in cui ci sono quattro figli, tre cani e i miei studenti, accomodati pure! Ma io, io non c'entro niente. Quindi pensaci bene. Se la fai venire, poi non chiedermi di dirle di andarsene!"*. Ovviamente non la portò in casa. L'idea era generosa, ma la realtà di invitare a stare con te una persona molto malata di mente quando sei già sovraccarico, non è ragionevole. Questa sarebbe compassione senza saggezza. Dobbiamo lavorare con le circostanze, il che include anche lo stato attuale della nostra capacità personale.

CR Lama spesso mi diceva: *"Non mescolare il tuo cibo con la tua cacca."*. Questo spiega molte cose. Il cibo entra da un buco, la cacca esce da un altro. Se sei un bravo contadino, puoi usare la tua cacca e spargerla sul campo per fare crescere meglio il cibo, ma non vuoi certo mescolare direttamente l'una con l'altro. Il cibo è la nostra presenza immediata, l'assoluta semplicità di essere. Non è essere questo o quello, grande o piccolo, maschio o femmina. Il solo essere, il semplice essere, il puro essere, si rivela attraverso l'essere questo e quello. L'essere *"questo e quello"* è l'energia, la manifestazione della base dell'essere che è sempre aperta. Il fondamento e la sua manifestazione non sono due e non sono uno. Sono non duali, intimi, così come sono intimi uno specchio e ciò che in esso si riflette. Siccome viviamo nella dualità e pensiamo nei termini di questo e quello, nella nostra mente li separiamo, ed essendo essi così vicini l'uno all'altro, li mischiamo, per cui viviamo nella confusione.

CR Lama spesso diceva: *"Non c'è nulla di speciale."*. Niente è speciale, tutto è lo stesso. Questo è Kuntuzangpo, sempre buono, ovunque buono, tutto buono. A volte abbiamo la sensazione di ricevere un messaggio speciale, qualcosa di veramente importante come una visione o un sogno, o di avere un qualche compito speciale nella nostra vita. Magari è vero, ma se ci credete rimarrete ingannati. Se è speciale sarà speciale in sé e per sé, non c'è alcun bisogno di investirci o di costruirci sopra.

CR Lama mi spiegava che i migliori praticanti di Dharma sono in qualche modo semplici e stupidi. Le loro menti non sono continuamente indaffarate. Non hanno bisogno di avere tutto sotto controllo e non ritengono di dovere essere responsabili di qualcosa e così si limitano a praticare. Possiamo essere troppo intelligenti per il nostro stesso bene. Possiamo essere in anticipo rispetto a noi stessi. Se è questa la nostra situazione, dobbiamo rallentare il ritmo e semplicemente stare con noi stessi, essere come noi stessi. Il che significa dare ascolto a come siamo. Se siamo presenti a noi stessi, otterremo direttamente dalla nostra presenza incarnata molte indicazioni su come vivere la nostra vita. Questo ci libera da un inutile e sterile coinvolgimento nel vortice di eventi passeggeri.

Dopo avere portato a termine la mia serie di prostrazioni, dissi al mio insegnante: *"Ho finito le mie prostrazioni."*. *"Oh, e sei stanco?"*, mi chiese. *"Sì"*, risposi. *"Bene"*, aggiunse. *"Adesso osserva la tua mente."*. Quindi mi spiegò che l'unica funzione del fare le prostrazioni è quella di stancarsi, ragion per cui se ne dovrebbero fare molte tutte in una volta. Eseguirne 100 al giorno non è particolarmente utile. Bisognerebbe farne molte, fino a essere completamente esausti, quindi sedersi e stare con la propria mente. Dipende in ogni caso dall'insegnante. Alcuni insegnanti potrebbero dire:

"Ogni giorno puoi eseguire 100 volte ciascuna delle cinque parti della pratica preliminare ed entro tre anni o giù di lì il ciclo verrà completato.". Possiamo mettere l'accento sulla virtù del fare la pratica, oppure usarla per rivelare la nostra mente.

Una delle funzioni dell'insegnante è di non essere molto interessato a voi. Non siete poi così affascinanti come pensate.

Il mio insegnante raccontava come da giovane avesse studiato medicina con uno dei suoi zii. Agli studenti era stato dato il compito di andare in giro e di tornare con tutte le cose di nessun uso medico. Venne loro spiegato che ciò doveva servire loro a riconoscere cos'era inutile. Gli studenti partirono, cercarono in lungo e in largo sulle colline e tornarono recando con sé diverse piante. CR Lama, tuttavia, tornò a mani vuote. Suo zio commentò: *"Giusto così. Tutto è medicina. Se sai cosa fare, i sassi, le piante e l'acqua attinta in pozze diverse, ogni cosa è medicina. Niente è inutile."*. Questo è il cuore della nostra pratica del dharma. Noi cerchiamo di renderci conto che ogni aspetto di noi stessi è utile. Compresa la nostra rabbia. Quando incominciamo a vedere le cose in questo modo, la compassione assume un significato molto diverso. Quando quelle che di norma considereremmo le nostre tendenze negative vengono apprezzate in quanto effettivamente utili, iniziamo a capire che anche le inclinazioni negative degli altri sono molto utili. Piuttosto che aiutare le persone a cambiare il loro modo di essere, l'obiettivo della compassione si sposta sull'aiutare le persone a vedere cosa stanno facendo e chi è colui che lo sta facendo.

La fede è una chiave di apertura e ci consente di vedere se il nostro modo di vivere limita il nostro potenziale. Sebbene possiamo imparare le mudra, la pratica non riguarda tanto il sapere o il non sapere fare le mudra nel giusto modo. Riguarda piuttosto l'arrivare a percepire il corpo come movimento, come movimento lirico. Tutti noi potevamo osservarlo in CR Lama. Era splendido nelle movenze del suo corpo. Possedeva una grande sensibilità estetica, chiara e forte. Spesso indossava abiti molto strani. Qualcuno gli aveva donato un buffo indumento arancione e lui se lo metteva. Ricordo che nel Galles era solito indossare una vestaglia di nylon color pesca. Si comprò anche una tunica imbottita da donna di satin rosa, e la portava volentieri. Faceva sempre bella figura, perché era completamente a suo agio con sé stesso. Non pensava: *"Oh, chissà cosa penserà la gente del mio aspetto esteriore?"*. Era semplicemente a suo agio con sé stesso: *"Oh, questo sì che mi piace!"*.

CR Lama spesso ci ricordava: *"Non lasciate questa vita a mani vuote. Non sprecate il vostro tempo. Valorizzatevi. Praticate. Abbiate fede in Padmasambhava."*. Il particolare insegnamento di CR Lama era di pregare concentrati esclusivamente su Padmasambhava. Se pregate con fede piena, senza dubbi, tutti i sistemi energetici del vostro corpo confluiranno nel cuore. La vostra mente diventerà vuota e in quell'istante potrete riconoscere il vostro essere intrinseco.

L'impegno precipuo di tutti i buddha e i bodhisattva è quello di aiutarci. Il mio insegnante diceva che se preghiamo il Buddha, lui sicuramente ci aiuterà. Non abbiate dubbi al riguardo. I nostri testi ripetono continuamente che il dubbio è un grosso limite, perché ci induce a riflettere su qualcosa piuttosto che entrare direttamente nell'esperienza. Il dubbio interrompe il ponte di arcobaleno tra il nostro cuore e il cuore di tutti i Buddha.

Pratichiamo il Dharma per giovare a tutti quanti, oppure a coloro che sono molto vicini a noi? CR Lama era solito affermare: *"Non c'è virtù nella famiglia."*, intendendo dire che prendersi cura della propria famiglia non è un atto virtuoso, perché i tuoi familiari sono un aspetto di te; sono il tuo mondo. Occuparti dei tuoi figli, in un certo modo, è occuparti di te stesso. Comunque, prendersi cura dei figli di qualcun altro è tutt'altra cosa, perché non c'entrano il dovere, gli obblighi familiari e l'identificazione con la famiglia, occorre oltrepassare il confine dell'interesse personale per essere disponibili verso qualcuno di veramente diverso. Nella via mahayana si dedica molto tempo a riflettere su come possiamo diventare più attenti agli altri, più premurosi nei loro confronti, più empaticamente sintonizzati con loro. Anche in quel caso ci dobbiamo chiedere: *"Qual è il mio interesse personale nell'aiutare questa persona?"*. Solo quando non c'è alcun interesse personale il gesto diviene altruistico.

CR Lama spesso diceva: *"Se uno yogi fa sesso in mezzo alla strada nessuno lo noterà. Per contro, se la gente comune fa sesso tra i cespugli, tutti staranno a guardare."*. Spesso era piuttosto spudorato, non si preoccupava di essere o di non essere rude. Non era auto-indulgente e neanche cercava di farla franca, nel fare cose sconvenienti, per il fatto di essere un lama. Piuttosto, egli viveva precisamente nel momento, nell'impermanenza, nell'autoliberazione di tutti i fenomeni - è questo lo spazio della presenza inafferrabile.

A CR Lama non piaceva per niente camminare, così fuori casa sua stazionavano sempre dei risciò in attesa. Era solito prendere un risciò per andare al lavoro e talvolta usciva con addosso soltanto il lungi, un pezzo di stoffa girato attorno alla vita, e una maglia. Sua moglie gli correva dietro strillando: *"Non puoi andare al lavoro così.*

Vergognati! Cosa stai facendo?". E lui ribatteva: *"Chi credi stia andando a lavorare, CR Lama o i vestiti di CR Lama?"*. Quando dimorate nell'aperta chiarezza, tutto, proprio tutto, va bene. Ma non appena cominciate a dipendere da quello che gli altri possono pensare di voi, dal momento che loro sono tanti e con tante opinioni diverse, non farete altro che tentare di indovinare quello che si aspettano da voi e preoccuparvi di corrispondere alle loro attese.

C R Lama diceva spesso che non gli piacevano le persone con le mani inette, vale a dire, persone che sanno solo parlare. Preferiva le persone che fanno le cose. Se una cosa va fatta, falla, e non ci pensi più. In questo modo la vita è molto semplice. Perdere tempo ci vincola al tempo lineare. Se non fai una cosa quando dev'essere fatta, poi ti devi ricordare di non averla fatta. Collochi l'azione nel futuro, ma ora non puoi essere totalmente nel presente, perché ti devi ricordare di fare nel futuro una cosa che appartiene al passato.

N ella pratica dello dzogchen il fondamento dell'etica è di non lasciarsi portare via da identificazioni o da costrutti interpretativi, ma di restare con la freschezza immediata della situazione in atto. In questo modo ci è consentito vedere che tutte le manifestazioni sono l'energia del fondamento, nascono da sé e si liberano da sé. Una volta, mentre CR Lama era in ritiro a Tsopema nel nord dell'India, un ladro gli entrò in casa e rubò molti oggetti preziosi, inclusi i gioielli di sua moglie. Lei voleva che andasse dalla polizia, ma lui disse: *"Non credi nel karma? Il karma punirà il ladro. Non è compito mio. Lascia perdere."*. Questo è un modo molto aperto di reagire alla situazione. In caso contrario nutriamo speranze e paure e ci lasciamo coinvolgere nel mandare qualcuno in prigione - e tutto perché vogliamo *"giustizia"*. Comunque, se comprendiamo il concetto di karma, essere derubati è l'esito di una qualche nostra azione precedente. Chi sono i criminali? Chi sono i cattivi? È impossibile distinguere. Pertanto, rendendoci conto che ogni situazione è complessa e insieme semplice nella sua intrinseca purezza, dobbiamo rimanere aperti e rilassati.

Nella tradizione tibetana ci sono mantra per ogni cosa: per il focolare, per fare la birra, per impedire che la birra vada a male. I tibetani hanno mantra per trovare le pecore smarrite e altri per trovare le mucche disperse. È un dato di fatto. Quando incominciai a studiare il tibetano andai a Bodhgaya. Intorno al tempio principale si vendevano molti libri in tibetano, io ne comprai alcuni, li portai al mio insegnante e gli dissi: *"Dia un'occhiata, ho comprato tutti questi libri meravigliosi. Quale dovrei studiare?"*. Lui li sfogliò e rispose:*"Dunque, questo è per qualcuno che ha perso la sua mucca. Questi sono la preghiera e il mantra che devi recitare per ritrovarla."*. È chiaro che in Tibet si trattava di una faccenda molto importante. Il latte è necessario e per averlo ti serve una mucca, e se la perdi è un problema. Se uno crede che ciò che può dargli protezione nella vita è il dharma, ovviamente si rivolge a un lama in cerca di aiuto. Se il lama possiede un libro con la preghiera adatta, recitandola sarà certo di fare qualcosa di utile nel nome del buddha per aiutare l'uomo a ritrovare la sua mucca. L'uomo sarà grato, recupererà la mucca e farà un'offerta di latte o di burro. Si tratta di un sistema interconnesso di valori. Alcuni sono terreni, altri sono spirituali, e operano insieme. La preghiera per trovare la mucca smarrita si colloca all'interno di un'area simbolica e svolge una funzione utile, in quanto aiuta a sostenere il dharma e a renderlo parte della cultura. Tuttavia, per noi occidentali che pratichiamo per sviluppare saggezza e compassione e non possediamo mucche, queste preghiere non sono molto utili. Ciascuno di noi deve partire dalla sua situazione personale. Sarà lei a indicarci la pratica di dharma più adatta.

Non ci sono limiti alla creatività della mente. Tantissime idee e invenzioni, buone e cattive, nascono per cause e condizioni. Ogni fenomeno che si presenta a noi è il movimento illusorio dell'energia della mente che è intrinsecamente vuota. Il pericolo per noi sta nell'iniziare a credere che tutte le possibili apparizioni siano effettivamente reali, condannandoci all'apparente necessità di un'attività senza fine. In termini di pratica, in realtà vi serve una sola pratica tantrica, una sola divinità. Pregate la divinità, vi dissolvete con la divinità, entrate nella vacuità e da questa emergete con chiarezza. Una è sufficiente.

In Tibet c'è un detto: *"In India le persone fanno una pratica e si illuminano. In Tibet ne facciamo a centinaia e nessuno si illumina."*. Questo detto esiste, perché i tibetani hanno davvero molto dharma ed è tutto di valore. Dobbiamo responsabilizzarci riguardo alla nostra pratica del dharma e non perdere di vista la nostra intenzione più autentica.

CR Lama diceva di sé stesso: *"Sono il bugiardo numero uno e l'imbroglione numero uno."*. Questo è un insegnamento molto prezioso. Una volta che sai come menti a te stesso e come ti imbrogli, può iniziare la vera pratica. Quando sediamo in meditazione, vediamo i molti modi in cui ci inganniamo. Sono tanti, davvero tanti i pensieri che ci catturano con facilità, e molti i modi in cui ci abbandoniamo a qualunque cosa si manifesti. La base della pratica è essere onesti con noi stessi e lavorare con qualunque cosa accada, senza compiacimento o biasimo. Ma se pensate di essere un *"santo buddhista praticante"* che *"possiede"* qualcosa, è molto probabile che finiate per addormentarvi in questa supposizione. Allora la freschezza di un istante di comprensione diverrà solo un ricordo che userete per consolarvi. Indagare su come inganniamo noi stessi è molto importante. Si fa presto a dire: *"Ora che l'ho capito, non lo farò più."*, ma l'intenzione non è destinata a durare a lungo, perché le nostre abitudini ritornano in fretta. Non è il caso di essere rigidi, la morbidezza è sempre preferibile. Siate molto vicini alla vostra esperienza, siate cortesi con voi stessi quando vi sentite confusi o smarriti, e riportatevi con gentilezza al cuore della pratica.

Compassione idiota, come la chiamava CR Lama, è indulgere nell'entrare troppo in risonanza con la sofferenza altrui. Compassione autentica e utile, nyngje in tibetano, significa avere una mente nobile. Una mente nobile è una mente che ha dignità. Quando le persone sono in balia della loro afflizione, spesso perdono la loro dignità. Diventano impotenti e inette e vogliono essere salvate. Il vero modo di aiutare gli altri è quello di riportarli alla loro dignità. Incoraggiare qualcuno a essere una vittima, dipendente, incapace e senza speranza, equivale a oltraggiare la vera base della sua esistenza, la sua stessa sorgente, perennemente pura.

Si possono trovare migliaia di testi sullo dzogchen. Com'è avvenuto che la tradizione iniziata con i tre concisi enunciati di Garab Dorje, abbia dato origine a decine di migliaia di libri? Perché alla gente piace l'elaborazione concettuale. Non sa lasciare le cose come stanno. È stata una fortuna che CR Lama non gradisse parlare tanto e che dicesse sempre tutto in modo semplice. Lui amava dire: *"Profondità e luce, consapevolezza aperta e vuota. Basta questo. Ti farà vedere la verità della tua stessa mente. Non è molto difficile. Ecco cosa devi fare. Rimani rilassato e aperto qualunque cosa accada. Non fare nient'altro. E adesso non perderti!"*. Tutto qui. Ma se non vi è chiaro, potete ricorrere a un sacco di tecniche per passare il tempo.

CR Lama spesso spiegava che *"Il buddhadharma ha un solo sapore. Nei nostri lignaggi Nyingma abbiamo nove diversi veicoli, ma essi non sono in contraddizione, vanno tutti nella stessa direzione. Una volta compresi i cinque skandha, è più facile comprendere la vacuità. Una volta compresa la vacuità, è più facile comprendere la trasformazione tantrica. Una volta compresa la trasformazione tantrica, è più facile comprendere la purezza primordiale."*. Questo perché tutte indicano la stessa cosa, ovvero che il capo è la mente. La mente crea il samsara e la mente crea il nirvana, eppure la mente stessa non è mai stata creata.

Nello spiegarmi le ultime righe di un breve testo di dzogchen di Patrul Rinpoche: *"Comunque è uno spreco non mostrare queste istruzioni a coloro che le custodiranno come la loro stessa vita e che, praticandone il senso essenziale, si adopereranno per conquistare la buddhità nell'arco di una sola vita."*, CR Lama sosteneva che avessero più che altro valore politico. In Tibet c'era una forte tradizione che prescriveva di non rendere accessibili al pubblico gli insegnamenti dzogchen. Vi erano molti piccoli lignaggi familiari di pratica dzogchen. Le relative istruzioni venivano trasmesse all'interno della famiglia. In un grande monastero, peraltro, le istruzioni spesso non erano accessibili ai monaci comuni, e certamente non ai laici. A Patrul Rinpoche, tuttavia, piaceva mettere gli insegnamenti a disposizione di tutti. Le righe di cui sopra ci dicono che è uno spreco di dharma non aiutare le persone che possono imparare. Molti insegnamenti sono dichiarati ultra segreti e sono sigillati con simboli di protezione. Ma contro chi sono protetti? Non è semplice distinguere tra motivazione pura e impura. Noi ci riuniamo per praticare e imparare, e ci portiamo dietro i nostri difetti e limiti. Così noi tutti dobbiamo fare il possibile per divenire coloro che custodiranno gli insegnamenti come la loro stessa vita. È questa la base per trasmettere il dharma.

Quando ero piccolo ero solito litigare con mio fratello. Due fratelli, due bambini nati dalla stessa madre. Mia mamma ci osservava bisticciare e commentava: *"Non capisco perché litigate sempre."*. La grande madre, Prajnaparamita, essa stessa vacuità, la madre di tutti i buddha, dà origine a molti figli, ma questi figli non sempre si piacciono. Quando sedete in meditazione e si presentano pensieri come *"Mi piace questo, non mi piace quello"*, si tratta del gioco conflittuale della progenie della mente. È l'energia della mente che assume la forma della competizione, della rivalità, dell'invidia e così via. Come mai? Quando ponevo a CR Lama domande come questa, lui rispondeva: *"Beh, quando giungerai a Zangdopalri e incontrerai Padmasambhava, questa potrà essere la tua prima domanda."*. Il che è come dire: *"Sta zitto, osserva la tua mente e non infastidirmi con le tue sciocchezze concettuali."*.

Uno dei miei insegnanti, Chatral Sangye Dorje Rinpoche, spiegava la funzione dell'insegnante con un aneddoto. Ci sono due fratelli, uno è a letto addormentato e ha un incubo, l'altro è sdraiato accanto a lui. Quello che dorme immagina che ogni genere di cose terribili stiano accadendo, ma l'altro fratello può vedere che in realtà è addormentato e al sicuro nel suo letto. Il nostro insegnante, ovvero il nostro fratello felicemente sveglio, si rende conto che siamo persi nei nostri sogni e incubi e ci incoraggia a svegliarci. Ma noi siamo attaccati al nostro smarrimento, addirittura ai nostri incubi o alle nostre dipendenze che, per quanto spaventosi, sono anche perversamente rassicuranti. Quando ci risvegliamo, ci risvegliamo dove ci troviamo, al sicuro nel nostro letto. Scopriamo di non essere mai stati da nessuna parte tranne che nella nostra illusione. Similmente, la consapevolezza in sé non è mai stata contaminata o mescolata o confusa con nessuno degli eventi della nostra vita. Finora tutti gli eventi della nostra vita sono arrivati e se ne sono andati. Quando li ricordiamo è come se tornassero a noi e noi possiamo raccontare storie al loro riguardo, ma non possiamo andare indietro nel passato. Tutto quello che è stato svanisce, quindi rimanete desti a tutto ciò che avviene, e non ci saranno più incubi.

Quando conobbi il mio insegnante CR Lama, la prima cosa che mi disse fu: *"Il buddha non è un uomo carino."*. Ciò è molto utile. Il buddha non è un uomo carino. Il buddha è il dharmakaya non nato. Il Buddha è inseparabile dallo spazio aperto del dharmadatu. Il buddha non è una persona o una cosa. Il buddha non è né carino né non carino. Il buddha non è nulla di familiare. Il buddha è vacuità, la radiosità della vacuità, l'inseparabilità del sole dal limpido cielo azzurro. Il limpido cielo azzurro simboleggia la distesa aperta e luminosa rivelata dalla consapevolezza in cui avviene l'intera manifestazione. Il buddha è tutto, eppure noi continuiamo a fidarci della nostra parzialità e dei nostri giudizi: *"Ma io non li voglio questi pensieri ansiosi nella mia mente!"*. Chi lo dice? Una sequenza di pensieri. Un pensiero evoca o suscita un altro pensiero. Ciascuno di essi ne scatena un altro, un altro e un altro ancora, e da questi traiamo il nostro senso di noi e del nostro mondo. Il nostro ego in realtà altro non è che questa concatenazione, questa sequenza di configurazioni legate fra loro. La nostra vita evolve come un susseguirsi di schemi cangianti privi in sé di sostanza, perché la nostra vita è l'espressione luminosa della mente. Chi vede tutto ciò è Buddha, quindi molto più che un uomo carino. I templi sono pieni di statue bellissime, splendide, e il vederle può darci la sensazione che anche la nostra essenza di buddha sia, similmente, luminosa e lucente. Sì, la vera presenza della nostra mente è radiosa, ma questa radiosità non è fatta solo di colori primari caldi e brillanti. Tutti i colori si sprigionano da essa, quindi anche il grigio, il marrone e il nero. I nostri pensieri e umori buoni alla pari di quelli cattivi sono ugualmente espressione radiosa della mente non nata.

Durante un ritiro che feci a Tsopema mi impegnai in diversi tipi di pratiche, comprese le prostrazioni. Alla fine del ritiro comunicai al mio insegnante tutto quello che avevo fatto. In merito alle prostrazioni lui mi chiese: *"Come mai te ne sei fatto carico?"*. *"Pensavo fosse mio dovere."*, risposi. E lui: *"Già, pensavi di dovere."*. Io replicai: *"Il testo dice che vanno fatte."*. Al che ribattè: *"Ma ti sei chiesto se fossero di qualche utilità per te? Che senso ha insegnarti dzogchen se poi fai lo stupido?"*. Alla fine, dunque, dipende da noi. Tutti i metodi sono buoni, ma siamo noi a vedercela con noi stessi.

Un'istruzione fondamentale che ho ricevuto dal mio maestro radice recita: *"Quando incontri un problema nel meditare, non usare antidoti. Rimani esattamente lì dov'è il problema."*. Vogliamo sempre fare qualcosa. Perché? Proprio perché vogliamo sempre fare qualcosa. Controllare il respiro. Fare kumbhaka. Fare pranayama. *"Bene, adesso mi sento meglio.".* Certo che ti senti meglio, perché sei passato da una cosa cattiva a una buona. *"Oh, ma cattivo non è lo stesso di buono? Hem!".* Questa si chiama 'dualità'. Hem... Siete passati da una merda all'altra, solo che questa sa di cioccolato. È l'unica differenza. Questo è molto importante, perché la fantasiosa idea di avere scelta e controllo vi condannerà a vagare nel samsara. L'ego si configura attraverso le scelte che fa, ma la consapevolezza non nata non compie scelta alcuna. Si limita a rivelare l'espressione della propria energia, di cui una manifestazione è il nostro ego, indaffarato a fare scelte.

Per illustrare la natura del rapporto allievo-insegnante, Rinpoche usava spesso l'immagine di un anello e di un gancio. Era solito dire che era importante sviluppare un robusto anello di fede, per far sì che il gancio della benedizione e della compassione del guru potesse afferrarlo. Affinché la forza vitale del lignaggio possa continuare, la trasmissione deve avvenire tramite l'incontro di amore e devozione.

Le prime lezioni impartitemi dal mio insegnante furono quelle di mangiare e dormire regolarmente. Questi comportamenti strutturati aiutano il nostro sistema incarnato a calmarsi e lo dispongono a rispondere bene alle circostanze. Egli spiegava che ci sono quattro attività per gli yogi: camminare, sedere, mangiare e dormire. Quando sei stanco, dormi, quando hai fame, mangia. Non è poi così difficile.

Spesso il mio insegnante mi suggeriva di semplificare al massimo la vita è di sbrigare le cose rapidamente. Ciò è molto utile. La vita non dev'essere dura.

Ci rendiamo conto che il lavoro è proprio pesante, eppure finiamo
per assuefarci. Impariamo a rimboccarci le maniche e a tirare avanti
in qualche modo. Si avverte un senso di fatica. Ma in realtà il lavoro
è solo un flusso di energia. Siccome l'energia fluisce continuamente
e noi siamo sempre nel flusso come parte di esso, una volta che
abbiamo trovato la linea di forza del lavoro ed entriamo nel ritmo,
siamo trasportati dalla corrente dell'energia del mondo. Il lavoro è
difficile solo quando non riusciamo a trovare il ritmo. Lo scopo di tutti
gli insegnamenti del buddhismo sulla saggezza, gli insegnamenti
centrati sulla vacuità, è quello di alleggerire la pesantezza, la
funzione consolidante della mente, in modo da divenire leggeri e
delicati e iniziare ad avvertire le opportunità del movimento. Allora
la compassione fluisce come si deve, perché essa è la capacità di stare
con gli altri, di raggiungerli e di creare una connessione con loro in
tutti i modi possibili, a seconda della situazione.

Mahamudra si traduce talvolta come grande sigillo. CR Lama me
ne ha fornito una spiegazione. Quando un re tibetano scriveva una
lettera ufficiale apponeva il suo sigillo formale. Si faceva così anche
nell'Europa medievale, imprimendo un sigillo sulla cera bollente
perché lasciasse il segno. Quando un documento viene sigillato in
questo modo, nessuno può cambiarlo o modificarlo. Analogamente,
quando la nostra mente è sigillata nella non dualità, non vi è nulla da
aggiungere e nulla da sottrarre - lei è come è. È questo il significato di
'grande sigillo'.

CR Lama diceva che se vi volete sbarazzare di un albero, potete
iniziare dalle foglie, strappandole una a una. Si impiega molto tempo
a togliere una foglia alla volta, e ora che avete finito da una parte, loro

ricominciano a crescere dall'altra. Quindi è molto meglio recidere le radici. Recise loro, l'albero muore. L'ego e tutte le sue attività sono radicate nei concetti. L'io e i concetti o le supposizioni sì rinforzano reciprocamente. Non possiamo interrompere il flusso dei concetti – in realtà essi fanno parte del lavoro della compassione - ma ciò che possiamo fare è recidere le radici dell'albero dell'ego. L'affilato coltello della vacuità recide la reificazione e il senso illusorio dell'essenza individuale. L'albero svanisce, liberando l'energia della vita e rendendola disponibile per il bene comune.

SONO STANCO DI ME E HO NOSTALGIA DI TE

Catturato da un pensiero
come un pesce nella rete,
mi sento preso al laccio
da una fune attorno al collo.

Poco fa, nel silenzio
del vasto spazio aperto,
si dava la presenza
quieta nella sua sede.

La sua sede è pervasiva
non le occorre muoversi,
viva e rinfrescante
non ha nulla da provare.

Rincorrendo i pensieri
perdo il mio fondamento,
e ostinandomi a inseguirli
trovo soltanto illusioni.

Credo di esistere
perché mi sento reale,
eppure nulla è stabile
e la verità è nascosta.

Sono ora me ora l'altro
ma svaniscono entrambi.
Mi sfinisce creare
queste fonti di sofferenza.

Oh, rete di illusioni
ti prego, lasciami in pace,
se ti prendo sul serio
faccio di te la mia casa.

Io cerco senza posa,
ma non riesco a trovare
l'unico sapore che mi manca:
la pace della mia mente.

Concedimi una pausa!
Inveisco contro me stesso,
però sono io che mi aggrappo
al prossimo pensiero.

In successione infinita,
offrendo mere illusioni,
le componenti del sé
recano solo inganno.

Lottando per avere di più
tesso da solo la ragnatela,
eppure il balsamo che cerco
sgorga continuo dalla fonte.

Non il sé e non l'altro,
ma lo spazio fra loro,
quel piccolo vuoto infinito
è il fondamento di tutti i sogni.

Quanti gentili insegnanti
mi hanno indicato la via
del ritorno a casa, alla fonte,
eppure io scelgo di deviare.

Annoiato, solo e triste
gioco con i miei gingilli.
Mi credo ingannato dagli altri
e poi penso male di loro.

Soggetto e oggetto
tessono il loro incantesimo.
Smettetela! Basta!
Precipito nell'inferno.

Sommerso dalla tristezza
rammento il tuo volto,
il mio cuore si colma di lacrime
perché ho abbandonato la tua grazia.

Le parole le conosco bene,
ma il mio cuore è di pietra,
tutto preso da opere buone
tengo lontana la solitudine.

Sempre impegnato e
invischiato in faccende,
potrebbe chiamarsi 'dharma',
ma è solo vanteria dell'ego.

Grazie alla tua gentilezza
so dove trovare la porta
verso le aperte distese
che un tempo mi hai mostrato.

Sono stanco di me,
è tempo che inizi
a rilassarmi e aprirmi,
accogliendo ogni cosa.

Non siamo mai separati
sebbene ti tenga a distanza,
tu sei qui nel mio cuore,
eppure ignoro ciò che dici.

Tu mi perdoni sempre
"È solo gioco di movimenti",
ma io sono colpevole e serio
con questi miei piedi d'argilla.

Dedicarmi alla pratica
mi avvicina a te,
hai reso tutto così semplice
eppure la tengo per ultima.

Così rimarrò seduto quieto
a riposare in questo spazio,
e mi vedrò specchiato
nel tuo volto sorridente.

Tu mi hai dato l'oro
ma io cerco il piombo,
un dilemma come un chiodo
piantato nella mia testa.

Non esiste soluzione
a un dilemma artificiale,
il serpente è una fune
e il suo morso non guarisce.

Sono perso e confuso
e mi sento molto solo,
eppure vivo nel mandala
che è la tua casa.

Sono talmente colmo di me
che non ho spazio per accogliere;
produrre pensieri all'infinito
è una vera malattia.

Ti invoco sempre,
ma non siamo in due,
è il mio dualismo la causa
del buio che mi avvolge.

Tu sei qui e mi sorridi
e ora anch'io sono qui,
espirando libero i pensieri e poi
li lascio dissolvere nella visione.

Fra di noi c'è il nulla,
siamo entrambi come il cielo,
le apparenze scorrono via
e niente ci può toccare.

Dentro di me il vuoto,
sono ampio spazio aperto,
le lacune e gli eccessi
non lasciano alcuna traccia.

Oh, quanta fatica
e senza alcun bisogno,
tu eri già pronto e in attesa,
ma non potevo raggiungerti.

Continuo a essere solo,
ma finalmente completo,
in pace e appagato
accanto ai tuoi piedi di loto.

L'ANSIA

Il samsara è uno stato di ansia. Nel samsara soggetto e oggetto sono separati e noi ci scopriamo fortemente identificati con il soggetto. Il soggetto ha bisogno di qualcosa dall'oggetto, eppure lo teme. Desiderio e avversione, amore e odio nascono in sequenza come gemelli. Gli amici diventano nemici e i nemici amici, così diceva il Buddha. Il soggetto e l'oggetto, il sé e l'altro, emergono insieme e si influenzano reciprocamente. Nessuno dei due è un'entità esistente di per sé, entrambi si configurano come forme nel flusso. L'instabilità e l'inaffidabilità di soggetto e oggetto suscitano ansia, e l'ansia aumenta quando li vorremmo diversi da quell'instabilità e quell'inaffidabilità. Se invece accettiamo il dinamico evolversi di soggetto e oggetto, la porta si apre e noi constatiamo che essi in realtà sono l'energia della base aperta dell'essere.

Nel corso della vita di fronte a ciascuno di noi sono comparse molte porte che ci hanno offerto nuove opportunità e possibilità, eppure a causa di dubbi, confusione e sensazioni di ansietà non ne abbiamo varcato la soglia. È utile riflettere su questo e capire che la nostra identificazione con pensieri limitanti ha il potere di determinare il configurarsi della nostra identità. Nella sua pretesa di definire una situazione come finita e duratura, un pensiero transitorio oscura l'unica situazione stabile, ovvero l'apertura immutabile della nostra consapevolezza.

IL CONTROLLO

Dal punto di vista dello dzogchen partecipare e collaborare sono molto più importanti che dominare e controllare. Ossia, noi ci rilassiamo e ci ritroviamo nel campo della nostra partecipazione. Mentre noi riveliamo noi stessi, si rivela il mondo – nulla è fisso, tutto si muove insieme. Il campo di esperienza risponde con prontezza, eppure sfugge sempre ai nostri tentativi di controllo totale. Chi vuole controllare è colui che già si trova nella dualità.

L'io si preoccupa di controllare e così afferma la sua separazione dal campo di esperienza e si applica a decidere se impegnarsi oppure no – per quanto stia sempre e comunque già partecipando.

Risvegliarsi a, e dimorare nella e come la propria base aperta, implica l'abbandono della matrice del controllo e la realizzazione di sé come spaziosità rilassata. La mente spaziosa non è diversa da tutto ciò che accade. Quindi, se non vi è nulla da difendere, non c'è alcun fondamento per le speranze e le paure. Questa equanimità favorisce una profonda tolleranza. Il fatto di piacere ad alcune persone e di non piacere ad altre è un semplice dato di fatto – così possiamo rilassarci e lavorare con le circostanze, con gli eventi transitori che costituiscono la nostra esperienza.

Il problema non riguarda mai l'oggetto, la risposta non risiede mai nell'oggetto. Il problema e la risposta hanno sempre a che vedere con la mente. Il problema è la mente che vuole controllare e interferire e aggiustare le *"cose"* come vogliamo che siano. La risposta è la mente che si rilassa e si abbandona alla vacuità del flusso dell'esperienza che si libera da sé.

È molto importante non pensare di essere responsabili di alcunché. La peggiore punizione che può toccarvi nella vita è la sensazione che *"tutto dipende da me"*. È una condizione di grande tristezza e solitudine. I cimiteri traboccano di cosiddetti *"indispensabili"*.

Il DISPIEGARSI DELLA VITA

Sii partecipe e presente al dispiegarsi
Della vita, momento splendido e mai ripetuto.
Sostando nel tuo essere immutabile
Lascia che i moti della tua energia liberino gli altri
Senza costruire solidificanti ponti di concetti.
Abbandona l'illusione di essenze durevoli
Osserva come ogni attimo sgorga fresco dal nulla
Luminoso dono del fulgore, splendore dell'aperta sorgente.

LA DEVOZIONE

Quando sviluppiamo devozione, siamo allo stesso tempo piccoli e grandi. Siamo piccoli perché ci sentiamo pieni di rispetto e di fede e possiamo diventare come fanciulli, indifesi e aperti; siamo grandi perché ci sentiamo rassicurati e possiamo essere fiduciosi che le nostre vite vadano nella giusta direzione. La nostra energia ha modo di quietarsi e di aprirsi per abbracciare ciò che avviene.

Quando nutrite devozione per il dharma vi si schiude il cuore. Allora guardate con l'occhio del cuore e l'occhio del cuore vede in modi che la coscienza dell'ego non conosce. È per questa ragione che la devozione è tanto importante. La devozione non è una pratica esteriore per chi non è in grado di capire. Essa è la pratica più elevata degli yogi.

Non è che la fede ce l'hai o non ce l'hai. La fede nasce per motivi precisi e se ci accorgiamo che la sua fiamma si smorza possiamo intervenire sulle cause e ravvivarla. Siamo capaci di indirizzare le nostre aspirazioni. Non siamo burattini manovrati da forze remote. Le divinità risponderanno sempre, su questo non vi è dubbio. La questione è se ci degniamo di evocarle.

La devozione dissolve la reificazione nonché la solidificazione generata dal credere nelle entità. La credenza nelle entità viene dissolta dalla fiducia nella vacuità. Credere nella vacuità dissolverà la credenza nella sostanza. La vacuità della mente e la vacuità delle apparenze nascono insieme come cieli gemelli. Gli arcobaleni non ostruiscono il cielo, essi ne esprimono o manifestano la creatività. Quando ci rendiamo conto che noi e tutto quanto incontriamo siamo privi di sostanza inerente, il nostro isolamento svanisce e noi veniamo rivelati come sboccianti apparizioni radiose.

LA VACUITÀ

RILASSATI E LASCIA ANDARE

Che la mente sia indaffarata
Oppure tranquilla,
Smettila di concentrarti su quanto appare
Sii consapevole che la tua vita si dipana e svanisce.
Chi è colui che fa questa esperienza?

La nostra mente,
La base del nostro esistere,
Non è qualcosa che possiamo afferrare.
Com'è strano e inaspettato.
Nella nostra consapevolezza
Ogni cosa appare:
Appaiono il sole e la luna,
Appaiono i nostri corpi,
I nostri pensieri e sentimenti appaiono.
Se pensiamo a qualcosa che non c'è
Nella nostra consapevolezza
Bene, adesso c'è!

Se ogni cosa nasce dalla mente,
Che non è una cosa,
Come può una non-cosa generare qual-cosa?
Non esistono qual-cose.

Rilassati e apriti
Scopri tutto ciò che hai nascosto a te stesso.

La vacuità è presente ovunque. Tutto, in ogni circostanza, è inseparabile dalla vacuità. Queste affermazioni sono vere, eppure la vacuità è inafferrabile e le parole non sono in grado di includerla perché si pone ai limiti del linguaggio. Quando parliamo, creiamo verità parziali, piccoli gesti o cenni a significare che in questo momento ciò che dico è il punto di vista di *"qui"*, il luogo sempre mutevole della mia vita che scorre. Tutti noi agiamo come se le nostre parole potessero costituire l'intera storia, quasi fosse possibile riassumere la vita. Così finiamo per ritrovarci in una specie di teatro, il teatro del *"come se"*, della finzione. Il teatro ha inizio con la sospensione del dubbio. Quando andiamo a teatro, da un lato sappiamo che coloro che compaiono sul palcoscenico sono attori pagati per fingere di essere qualcun altro. Eppure quando calcano la scena ci piace credere che loro siano i personaggi che dichiarano di essere. Desideriamo farci catturare. Desideriamo perderci nella finzione. Ciò è molto profondo. Mette in luce l'anelito dell'io a fondersi con l'oggetto, a liberarsi del carico della solitudine e dell'isolamento. Il sollievo che deriva da questa constatazione ha però vita breve. Sia essere una persona mondana sia essere una persona spirituale sono entrambe illusioni se non siamo presenti alla base e come la base dell'essere. Limitarsi a cambiare forma e colore alle nostre illusioni non ci condurrà al risveglio. Invece riconoscere che l'illusione è davvero un'illusione rivela la non dualità di forma e vacuità.

Tutte le culture buddhiste sembrano avere sviluppato una profonda sensibilità estetica. Quando la fiducia nella concettualizzazione diminuisce, la bellezza diviene molto importante. Per esempio, se andate a camminare nelle valli himalaiane avrete modo di vedere una miriade di piccoli stupa collocati nell'ambiente in modo delizioso. Uno potrebbe immaginare che Cézanne abbia passeggiato in questi luoghi per studiare composizione, tanto perfetta è la disposizione degli stupa. Aprirci alla vacuità dissolve la nostra studiata artificiosità e permette alla spontaneità intuitiva di modellare le nostre azioni.

All'inizio la pratica richiede una motivazione cosciente e uno sforzo intenzionale. Quando abbiamo maggiore dimestichezza con la pratica e la consideriamo parte integrante della nostra vita, ci scopriamo più integrati nel mondo. Ci sorprendiamo a parlare e comportarci in modi che sono *"adatti"* alle situazioni. La vacuità filtra attraverso ogni aspetto della nostra vita e dissolve l'apparente solidità dei concetti. La co-emergenza senza sforzo, il gioco della vacuità, divengono il nostro modo di essere. La vacuità fa apparire la vita come semplice e precisa. Aprirsi alla spontaneità intuitiva pone fine alla lotta.

Il samsara è una rete di concetti e di idee che evidentemente consideriamo immensamente seducenti. Alcuni di questi pensieri possono sembrare molto importanti. Importanti o meno che siano, i pensieri sono però sempre vuoti. Quando in India traducevamo i suoi testi, CR Lama concludeva la prefazione sempre con queste parole *"Se vi è un qualche merito in questo libro, lo offriamo a tutti gli esseri viventi, se non ve ne è alcuno, lo restituiamo alla vacuità."* In ogni caso non fa differenza. Noi facciamo ciò che facciamo, dopodiché succederà qualcos'altro. Ciò che qui conta è praticare l'agire senza fare investimenti, senza sperare in un ritorno. Noi diamo a ciascun momento precisamente ciò che esso richiede. Non cerchiamo di trarne profitto. Non cerchiamo di fare scorte per il momento seguente. Prima questo, poi questo, poi questo… Ogni momento basta a sé stesso.

Noi siamo qui, in questo flusso di esperienza, ma qual è la fonte del flusso? È la sorgente del dharmadhatu, ovvero la vacuità stessa. La vacuità sgorga dalla vacuità, attraverso la vacuità e nella vacuità.

SPECIALE

NON TI SFORZARE TROPPO

Sii presente a te stesso con salda attenzione.
Il cosiddetto te stesso è sia l'esperienza sia chi fa l'esperienza.
Lascia che l'esperienza ti indichi dov'è colui che la fa.
Giunto a questo punto la porta si apre.
Attraversa la tua fugace esperienza e penetra nella consapevolezza.
Con presenza vigile, seppure passiva e ricettiva,
Sii graziosamente con qualunque cosa accada.
Pensieri, sentimenti e sensazioni attirano facilmente
La nostra attenzione che divaga qua e là.
Rilassati più e più volte e allenta il tuo coinvolgimento.
Tutto ciò che sorge si libera da sé.
Chi è colui che rimane quando i suoi figli muoiono?
Il tuo sé nudo va bene così com'è e non occorre coprirlo.
Se cerchi di catturarlo, svanirà immancabilmente
Perché tu non sei chi credi di essere.
Il tuo vero essere è diverso da qualsiasi altra cosa.
Non corrisponde a nessun concetto o categoria.
Non è familiare eppure ti è più vicino del tuo stesso respiro.
Cercalo attivamente e troverai sempre qualcos'altro.

Ovviamente in termini di pratica è utile credere che gli insegnamenti che seguiamo siano molto speciali e preziosi. In tal caso li considereremo con rispetto e cercheremo di farne buon uso. Tuttavia la funzione dell'insegnamento consiste nel cercare di svegliarci all'immediatezza vuota e non nata, vale a dire a come realmente siamo e a come i fenomeni realmente sono. Risvegliandoci alla vacuità scopriamo che tutto è come è, senza alcuna distinzione tra speciale e normale.

Il mondo intero è un unico fiume entro il quale ognuno di noi è una lieve increspatura. Nondimeno, quando restiamo isolati nell'io e dentro la piccola bolla di noi stessi, noi proteggiamo dagli altri la nostra diversità perché vogliamo essere unici e speciali. Noi non siamo né uguali né diversi: ciascuno di noi è una forma particolare che è inseparabile dal dharmadhatu aperto e vuoto.

Sorgente unica, unica madre

Danzatrice nuda e senza veli

Taglia la mia radice e liberami

Madre Labdron, danza con me!

DAI UN TAGLIO NETTO

SCENARIO

La via è smarrita
La foresta è profonda
Troppo atterrito per muovermi
Troppo atterrito per dormire.

Eccitato, confuso
Le passioni sconvolgono
La mente e il mondo
I fantasmi di morte urlano.

Un terrore folle
Inventa notti spaventose
Ogni suono sconosciuto
Esplode in paura.

Sono catturato, catturato
Da pensieri rapaci
Essi mi sbranano e
Mi divorano il cuore
Si cibano di me
Si cibano di me.

Li odio
Eppure li invoco.
Il mio senso di me e di mio
Li chiama qui a banchettare.

Quanto più ottengono
Tanto più vogliono
Quanto più prendono
Tanto più scherniscono.

Essi amano il reale, il sostanziale
Bramano cibo solido
E il mio stesso stupido attaccamento
Crea l'essenza che tanto apprezzano.

Devo nutrirli, lo devo fare
Ma posso nutrirli nel timore o nella gioia
Finché sono imbevuto di illusione
Vivo nella paura, trastullo inerme in mano loro.

Eppure se riconosco di essere illusione
Come ogni altra cosa che mi circonda
Posso offrire loro il mio amato corpo.
Con questo dono libererò tutti noi.

Qui in questo cimitero felice
Gli avvoltoi si cibano dei morti
Quando la vita abbandona il corpo
Esso è aborrito e sloggiato dal suo letto.

Il corpo in sé non ha valore
È il mio attaccamento che lo rende così prezioso.
Quando l'investimento in questa sede di identità svanisce
Il cadavere putrefà, diventa liquame e pus.

Se l'ego non muore
La mente non volerà mai
Dissolvi allora l'attaccamento

Nel cielo infinito.

L'INTENZIONE

Il cimitero è giunto a casa mia
E i demoni mi visitano ogni giorno
Ma io non mi preoccupo di scacciarli
Perché è solo il gioco della mia mente
Solo il gioco della mia mente.
Taglia!

Dubbi e paure sono ovunque
Tutti quelli che incontro sono preoccupati,
Depressi, ansiosi, con troppo da sopportare
Il covo dei demoni fagocita ogni speranza.
Taglia!

Ciò che sembra reale di fatto non lo è
Illusione e confusione ci abbracciano stretti
Smetti di fuggire, affrontale faccia a faccia
Resta ben saldo nello spazio infinito.
Taglia!

CONSAPEVOLEZZA AFFILATA

Recidi l'ego e distruggi la sua casa
Recidi l'ignoranza e dimora nella mente

Recidi il legame col corpo, è destinato a morire
Recidi le spoglie di ciò che è finito, decapitalo
Recidi fino alla sorgente, sminuzza il cervello
Recidi le congetture, la carne morta non soffre
Recidi ogni fare, tritura muscoli, tendini e ossa
Recidi la reificazione, affetta il cuore, il fegato e gli organi vitali
Recidi l'interesse per te stesso, l'ego non ha essenza
Recidi senza recidere, sii spazio e lascia andare.

IL RIFUGIO

Se mi rifugio nei pensieri, sono perso
Se recido quel falso rifugio, mi sollevo
Nello spazio dove sono sempre stato,
E mi risveglio come da un sogno a ciò che è.

Confido nel buddha e smetto di lottare
Confido nel dharma e tutto andrà bene
Confido nel sangha, al quale appartengo
Con loro, il mio rifugio, sono indomito e forte.
Rilassato e a mio agio seguo il fluire dei fenomeni,
Ciò che viene viene, ciò che va va.

BODHICITTA

Pur cedendo alle insidie dell'autocritica
Mi piaccio, mi piaccio parecchio
Ma che ne è degli altri tanto simili a me?
Posso essere felice se loro non sono liberi?

Tutti gli esseri senzienti si credono
A sé stanti, isolati nell'autonomia.
Per sciogliere il groviglio che li avvolge
Reciderò alla radice ogni loro legame.
Nulla da afferrare, gli appigli non servono
Risuonerà solo il dolce canto della libertà.

Liberati del vecchiume che consideri te stesso
Arriva al dunque, cerca la freschezza che suona vera.
Lasciati andare nello spazio accogliente, non devi fare nulla.
Dai un taglio netto, sii te stesso, la luce del cuore ti pervade.

Liberati del passato, se n'è andato da tempo.
Liberati del futuro che ti tiene in sospeso.
Liberati del presente, non serve alcun controllo.
Liberati adesso e lascia che la vita si dispieghi.

LA PURIFICAZIONE

Dolce essere immutabile e mai profanato
Poiché nulla ti tocca, caro bimbo innocente.
Eppure sono in preda alla confusione e mi sento cattivo
Identificandomi con i miei passati insuccessi e periodi tristi.

Ti prego, inviami la tua benedizione,
Lascia che ti sgorghi dal cuore.
E io mi colmerò di lei
Fino a perdere le vecchie abitudini.

Così adesso io sono puro
Le illusioni sono tutte svanite
La mia mente è spazio infinito
Colmo di un'aurora radiosa.

IL GURU YOGA

Tu mi insegni, mi raggiungi
E mi indichi la via
Sebbene io debba ritrovarla
Molte volte al giorno.

Sei tutto ciò di cui ho bisogno
E non sei lontano
Partecipando al gioco della vita
Io mi ritrovo in te.

LA VISIONE

Povero piccolo sé, sei talmente solo.
Non stupisce che tu sia preoccupato e triste.
Non vedi che sei intrappolato in una bolla
Catturato da pensieri che ti fanno impazzire?

Eppure quei pensieri in realtà sono passeggeri.
Sono completamente privi di sostanza.
La tua prigione è pura illusione.
Cosa ti impedisce di attraversare le pareti?

Ciò che credi sia la prova che tu sei tu

È solo illusione, isolamento, falsità.
Le credenze abituali inducono alla ripetizione
Per ribadire come condizione veritiera ogni tuo costrutto.

Tenere in vita le illusioni è soltanto opera tua,
Tu cerchi conforto ma trovi solo confusione.
La tua fatica è vana ed è fonte di sofferenza
Perché i costrutti sono fragili e se ne andranno presto.

Quindi non ti affannare e vedi un po' che succede
Quando decidi di non fare proprio nulla.
Rilassati, sii a tuo agio nella mera presenza
La vita scorre libera come una cascata d'acqua.

Se *"io"*, *"me"* e *"me stesso"* perdono il loro potere
Di controllo, ti guarirà lo spazio, madre dolcissima.
Aperta e chiara con nulla da temere
La radiosità spontanea mostra il suo vero volto.

Caduto il bozzolo, la tua lotta avrà fine
Perché la pace che hai cercato si paleserà.
Allora i tuoi occhi luminosi scopriranno meravigliati
Che a celare erano stati i tuoi stessi pensieri.

GLI STUZZICHINI

Come appetitosi bocconi i pensieri
Attraggono avvoltoi e costruttori
In apparenza sono qualcosa
Ma in realtà non sono nulla.

Eccoli pronti a emergere
E subito dopo a svanire
Non si possono catturare
Ma neanche occorre scacciarli.

Eppure i pensieri si accalcano
Tentano di dare forma all'io
E con la loro energia alimentano
Il mito che esso sia nato davvero.

Ma sopraggiungono gli avvoltoi
Loro sanno che quella forma è morta
Perciò la smembrano con l'accurato
Lavorio dei loro becchi.

I pensieri che stuzzicano
Sono molti, ingannevoli e sanno
Di vacuità, ma insinuano che vi sia
Una sostanza che vale la pena trovare.

Il sogno che essa esista davvero
Non cessa di trarre in inganno
Perché i vacui pensieri allettanti
Scorrono a non finire.

Sono più simili a una fragranza
Che a una pietanza saporita
E si diffondono nell'aria
Sui piatti che restano vuoti.

RECIDERE

Recidi il corpo recidi il pensiero
Recidi la sensazione recidi la chiacchiera
Recidi recidi recidi tutto ciò che hai.

Recidi la tua famiglia recidi il tuo nome
Recidi la tua storia recidi la tua fama
Recidi recidi recidi la paura di impazzire.

Recidi il futuro recidi il passato
Recidi i mutamenti recidi ciò che permane
Recidi recidi recidi, libera la mente tanto vasta.

Recidi la speranza recidi la paura
Recidi chi è lontano recidi chi è vicino
Recidi recidi recidi nello spazio tanto chiaro.

Taglia su te stesso e sull'altro
Taglia sul padre e sulla madre
Taglia taglia taglia tutto ciò
Che usi come tua copertura.

Taglia l'erba
Taglia le tue spese
Taglia i tuoi bisogni
Che non finiscono mai.

Taglia i consumi
E così perdi peso

Taglia anche il riposo
E sarai un vincente.

Se abbatti
E se sfrondi
Sentirai la mancanza
E rimarrai a mani vuote.
Recidi recidi recidi

Recidere il piacere
Recidere il dolore
Recidere il sentimento -
Che cosa ci guadagni?

Se tagli con l'intento
Di assumere il controllo
Sarai costretto a tagliare
Ogni aspetto della tua vita.

Recidi le foglie
E poi anche il ramo
Recidere però
Favorisce la crescita.
Recidi recidi recidi

Smetti allora di tagliare alla cieca
Lascia che scorra libera la vita
Taglia soltanto la radice
Dell'albero del samsara.

Lascia andare l'oggetto
Poi taglia anche il soggetto
Taglia ogni legame
Taglia me, taglia te.

Recidi l'attaccamento
Recidi la speranza e la paura
Dai un taglio netto, fino allo spazio
Dove tutto è chiaro.
Recidi recidi recidi

Immerso nello spazio
Io non sono una cosa
Non vi è forma da carpire
Né campana da suonare.

Aperto e vuoto
Eppure proprio qui
Presenza di nulla
Senza alcun timore.

Mente senza limiti
Incondizionata, indefinita
La base dell'esperienza
Ignora le differenze.
Recidi recidi recidi

Lo spazio indivisibile
È il campo infinito
Entro cui mi muovo
E al quale mi arrendo.

Se non hai propositi
Non hai motivo di avere paura
Il dubbio e l'ansia
Non ti raggiungeranno mai.

Liberando l'entità
Alla sua radice
Impediamo all'ansia
Di prenderci all'amo.

I crucci per il denaro,
L'invecchiamento e la morte
Il timore che i miei desideri
Non saranno mai esauditi.

L'ansia per quanto
Ci riserva il futuro
L'agitazione, l'inquietudine
E il morso doloroso della vita.

Dubbi e preoccupazioni
Frullano nella mia testa
Sconforto e desolazione
Si annidano nel mio cuore.
Taglia taglia taglia

Rilassati e riposa sereno
Questi momenti passeranno
Sii presente qui con loro
Così svaniranno in fretta.

Non bloccare ciò che appare
Allenta soltanto il controllo.
Abbandona quanto prima
Il tuo servizio di ronda.

Con il cuore aperto
Non impongo divisioni.
Il tutto che guarisce
Accetta la sottomissione dell'io.
Taglia taglia taglia

Nulla da temere e
Nulla da nascondere
Sentirsi a casa in città
Come in aperta campagna.

La chiarezza della presenza
Segnala il primo accenno di pericolo
L'attaccamento alimenta l'illusione -
È questo che devi temere, non lo sconosciuto.

Recidere ogni attaccamento
E insieme l'ignoranza
Non elimina i problemi
Però li ostacola.

Lo spazio è completamente aperto
E io sono chiaro e luminoso
Partecipare è facile
Quando non hai paura.
Taglia taglia taglia

L'OFFERTA

Le dimore dell'illusione, ora meno che polvere

Il vuoto miraggio offerto a coloro in cui confidiamo

Vi prego, buddha risvegliati, accettatelo come luce

E con la vostra compassione dissolvete la nostra notte buia.

E per tutti coloro che contano su un oggetto per gioire

Fate che questa luce appaia come casa, cibo e trastullo

E per coloro che sono deboli, abbattuti e maltrattati

Fate che questa luce appaia come protezione e rassicurazione.

LA DEDICA

Sbarazzati delle buone azioni e anche di tutto il merito

Io non l'ho fatto né per me né per te,

Giacché il sé o l'altro, essi non esistono

Sono solo fantasmi, illusioni che si dissolvono come nebbia.

Tutti gli esseri viventi sono radiosità, il dispiegarsi della fonte

Allora non sforziamoci più e lasciamo che la vita faccia il suo corso.

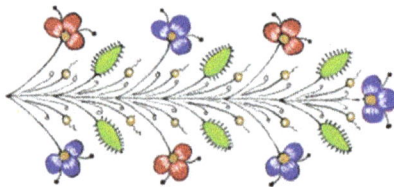

L'OSPITALITÀ

In sanscrito con il termine *"dharmadhatu"* - dove *"dharma"* si riferisce ai fenomeni e *"dhatu"* indica lo *"spazio"* - si intende lo spazio nel quale sorgono tutti i fenomeni. Recentemente ho iniziato a tradurlo con *"infinita ospitalità"*, perché lo spazio della mente può ospitare tutto, proprio come lo specchio accoglie qualunque immagine in esso appaia.

La pura presenza, non avendo in sé alcun contenuto che la definisca, è invulnerabile. Al livello dell'apertura non occorre modificare la nostra esperienza. Nella meditazione noi ci rilassiamo nella presenza aperta e rinunciamo all'abitudine di giudicare gli avvenimenti in termini di buono o cattivo. La saggezza non duale offre ospitalità a ogni cosa. Se siamo attraversati da un flusso di pensieri negativi noi diamo loro il benvenuto. Sono solo pensieri, non nuoceranno alla nostra mente che è aperta e priva di sostanza inerente. Sono forme transitorie e illusorie che occupano lo spazio della consapevolezza e poi svaniscono. Se consentiamo loro di andare e venire e noi restiamo rilassati e aperti, allora non lasciano traccia, proprio come i riflessi non lasciano traccia nello specchio. È la nostra formazione egoica limitata e limitante a essere selettiva e auto-protettiva. Quando le consuete configurazioni che mantengono in essere questa formazione illusoria vengono lasciate andare, l'impressione che ricaviamo da tutti gli aspetti del campo emergente diventa più accurata, di conseguenza le nostre risposte sono più appropriate. È questa la base di una compassione non reificante.

"*Ora*" è ogniqualvolta è "*ora*". "*Qui*" è ovunque è "*qui*". "*Io*" sono chiunque "*io*" sono qui e ora. Qualunque cosa lo specchio stia palesando, lo fa grazie alla sua ospitalità. Noi ci mostriamo egoisti, stupidi e ciechi quando non riconosciamo e onoriamo l'ospitalità del qui e ora. Tutto può essere integrato nella pratica. Qualunque cosa avvenga non bloccatela, non giudicatela. Semplicemente offritele ospitalità. La natura della mente è infinita ospitalità. Essa è sempre aperta, sempre accogliente.

Quanto più privilegiamo il rilassamento rispetto all'eccitamento, tanto più la sensazione di apertura che viene percepita diviene la nostra dimora base. Quanto più sperimentiamo il nostro essere come vuoto, tanto più generosi e accoglienti possiamo mostrarci verso ogni fenomeno emergente. È questo il fondamento dell'infinita ospitalità. Noi riconosciamo che non vi è nulla nell'oggetto che possa nuocerci e nulla in noi stessi che possa essere danneggiato. Inoltre comprendiamo che non vi è nulla nell'oggetto che ci possa beneficiare e nulla in noi stessi che possa essere beneficiato. Questa verità ci viene rivelata quando cessiamo di identificarci con la fantasia illusoria che l'io sia un'entità durevole e conoscibile.

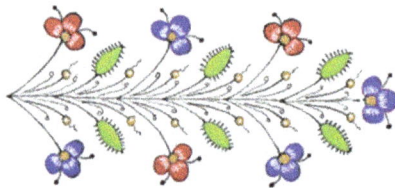

Buon compleanno

LA PRIMA NASCITA

Bene accolto alla nascita
dal mio karma
ho scordato chi ero

Bene accolto alla nascita
dai concetti non ho mai
scordato i miei condizionamenti

Bene accolto alla nascita
dai miei genitori non ho mai
scordato la mia alienazione

LA SECONDA NASCITA

Bene accolto alla nascita
dal Buddha non ho mai
scordato il mio rifugio

Bene accolto alla nascita
dal Dharma non ho mai
scordato la trasmissione

Bene accolto alla nascita
dal Sangha non ho mai
scordato il mio posto

LA TERZA NASCITA

Bene accolto alla nascita
dal mio Guru non ho mai
scordato la mia nuova famiglia

Bene accolto alla nascita
dal mio Yidam non ho mai
scordato il mio samaya

Bene accolto alla nascita
dalle Dakini non ho mai

scordato come danzare

LA QUARTA NASCITA

Bene accolto alla nascita
dalla mia stessa sorgente non ho mai

scordato la mia integrità

L'IMPERMANENZA

PRENDI LE COSE CON CALMA

Tutto è transitorio, svanisce per conto suo.

Quindi non attaccarti alle apparenze come se fossero affidabili.

Non cercare di conservare ciò che pensi, conosci e ti piace

Non respingere gli eventi perché ti sembrano troppo

Poiché se ti fai coinvolgere il lavorio dell'io non avrà mai fine.

Ci sarà sempre qualcosa da fare, da migliorare o da evitare

Rimani semplicemente presente a colui che agisce.

Tralascia l'identificazione e riposa

Nella tua mente così com'è.

Pari a uno specchio, sii

Rilassato, presente e aperto.

Allora vedrai

Il tuo stesso affaccendarti

Adoperarsi per oscurare

Ciò che stavi cercando.

Tra gli insegnamenti del Buddha quello più fondamentale e centrale - riscontrabile in tutte le scuole buddhiste - è il dato di fatto dell'impermanenza. Un altro modo di esprimere questa verità è dire che l'intera esperienza è dinamica. Rimanendo semplicemente aperti e rilassati, iniziamo a sperimentare in modo diretto lo spontaneo andare e venire di ogni fenomeno. Tutto ciò che chiamo *"io, me, me stesso"*, e tutto ciò di cui dico cose tipo *"Questa è un'altra persona"*, *"Questa è una casa"*, *"Questa è una città"*, sono aspetti del cambiamento. Sono esempi di come il cambiamento modelli sé stesso; essi esprimono l'autopoiesi del cambiamento. Queste immedesimazioni sembrano entità discrete e durevoli perché siamo noi a interpretarle in tal senso. L'apparenza e l'esperienza nella loro totalità, sia che sembrino „*soggetto*" sia che sembrino „*oggetto*", sono l'effettività del cambiamento. L'unica cosa che non cambia non appare mai come una cosa. È la consapevolezza inseparabile dallo spazio. La nostra presenza inafferrabile è il solo vero rifugio, un rifugio che non troveremo mai, eppure ci sarà sempre.

L'insegnamento del Buddha sull'impermanenza pone l'accento sul fatto dell'inafferrabilità dell'esperienza. Accoglierlo può aiutarci a rilassarci e accettare che il flusso sia tutto quello che c'è. Se possiamo fidarci del flusso della vita, se possiamo concedere a noi stessi di fluire con gli altri nel flusso, allora scopriremo che ciò di cui abbiamo bisogno nelle diverse situazioni è a portata di mano e di mente.

Siccome tutti i fenomeni sono transitori, loro se ne vanno da sé, quindi non c'è bisogno di spingerli via. Siccome tutti i fenomeni sono transitori e se ne vanno da sé, non ha nemmeno senso cercare di aggrapparvisi. Questa è l'essenza della pratica dello dzogchen.

Gli insegnamenti del Buddha sono radicali e hanno origine nello spazio aperto. Essi sono perturbanti, mandano a gambe all'aria il nostro mondo e smuovono le fondamenta di chi crediamo di essere. Tutto ciò che conosciamo e con cui siamo collegati continua a manifestarsi, ma noi iniziamo a vedere diversamente. Se ci concentriamo sulla diversità ci sentiamo turbati e il turbamento provoca crepe nella nostra visione chiusa e limitata di ciò che avviene. Le crepe lasciano filtrare aria tiepida che lentamente scioglie il palazzo di ghiaccio della nostra illusione e ci libera restituendoci al flusso. Riflettere sull'impermanenza è un'importante pratica preliminare, poiché quanto più osserviamo che la transitorietà è lo stato effettivo delle cose, tanto più ci appare chiaro che contare sui fenomeni come in grado di offrire un vero rifugio, non è saggio.

La contemplazione dell'impermanenza funziona come un cacciavite che allenta gradualmente le viti che saldano le vostre idee e convinzioni. Una buona pratica è come un buon amico, uno che rivela sempre più qualità e una sempre maggiore ricchezza quanto più a lungo lo conosci.

L'IMPERMANENZA

Ricordare l'impermanenza è il vero cuore della pratica.
L'impermanenza ci rivela la vacuità.
L'impermanenza ci rivela la sorgente della nostra mente.
L'impermanenza ci dona il coraggio di vivere pienamente la nostra vita
Con tutte le sue stranezze e delusioni.

L'impermanenza è molto dolce e preziosa.
L'impermanenza apre la strada al vivere nel momento
Mostrandoci che non esiste un altrove in cui vivere.
La meravigliosa realtà dell'impermanenza è disponibile gratuitamente.
Ovunque! Splendido!

L'impermanenza è ovunque, tutto il tempo,
In ogni cosa che fai:
Parcheggiare la macchina, andare al lavoro,
Andare in bagno, lavare i piatti.
Tutto ciò che appare, svanisce.
Tu espiri
E d'un tratto stai inspirando.
La manifestazione intera è il flusso del cambiamento.
Nulla da afferrare eppure
Tutto da assaporare nel suo istante perfetto.

LO SPECCHIO

IL CUORE INFINITO

L'infinito del cuore
È quieto e immutabile,
Aperto e vuoto come uno specchio.

Uno specchio non cambia.
Quando guardi nello specchio vedi muoversi i riflessi.
I riflessi, la potenzialità, la creatività cambiano sempre,
Presentando all'infinito le loro vuote auto formazioni,
Il dono della nostra mente immutabile.

La nostra apertura,
La nostra vacuità,
La nostra inafferrabilità
Sono un palcoscenico vuoto, lo spazio della rivelazione.

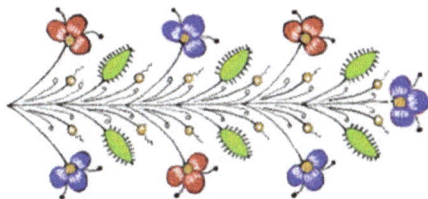

SEMPLICE PUREZZA

La mente è completamente pura sin dall'inizio.
Senza colpa, senza errore, senza macchia.
La mente così com'è descritta
È la nostra stessa mente.
È la mente che noi già siamo.
Sin dall'inizio la nostra presenza fondamentale
Ci ha sostenuti in tutto.

Qualunque difetto,
Qualunque mancanza,
Qualunque errore commesso sono momentanei
Movimenti contingenti a livello di riflesso.
Il riflesso non distrugge lo specchio.
Il riflesso di qualcosa di brutto non lo frantuma.
Il riflesso di qualcosa di bello non lo fa sorridere.
Lo specchio è sempre aperto senza paure o favori verso ciò che affiora.
Lo specchio è il miglior ospite:
Non giudica mai i suoi invitati
Che sono liberi di essere
Proprio come sono.

Qualunque mancanza,
Qualunque errore,
Qualunque sbaglio tu possa aver commesso,
In sostanza non ti hanno contaminato
Non ti hanno deformato
Non ti hanno imprigionato.
Eventi e forme vanno e vengono
Rivelati dal nostro essere puro
Fonte di luce infinita.
Salve, Buddha.

Il buddhismo non considera la mente come un contenitore che può essere riempito, ma come la chiarezza che rivela. L'esempio tradizionale usato per illustrare ciò è lo specchio con i suoi riflessi. Quanto più ci convinciamo che tutti i fenomeni appaiono e scompaiono, tanto più notiamo che l'immediatezza della presentazione e l'immediatezza dell'auto liberazione sono simultanee. L'aperta vacuità dello specchio è inseparabile dalla ricca apparenza di complicati riflessi.

Quando andate dal parrucchiere, lui regge uno specchio dietro la vostra testa. Guardando nello specchio di fronte, voi vedete il riflesso dello specchio dietro a voi e in tal modo potete giudicare la qualità del taglio sulla nuca. Senza lo specchio questo non sarebbe possibile. Lo specchio vi aiuta a vedere cose che altrimenti non potreste vedere. L'insegnamento e l'insegnante in stato di trasmissione sono come uno specchio e noi, guardando in quel momento, possiamo cogliere qualcosa di più su noi stessi. Non è che l'insegnante vi insegni qualcosa su di voi, piuttosto è la chiarezza della situazione che vi consente di vedervi come siete realmente e non come credete di essere.

Se tenete uno specchio tra le mani e lo fate ruotare, esso rifletterà molte angolazioni diverse. Se lo girate sul davanti, sarà aperto a tutto quanto gli sta di fronte. Lo specchio non accumula immagini; piuttosto le rivela e poi le libera. Rivela e libera... Se qualcosa è già stato mostrato nello specchio, non significa che qualcosa di simile non possa essere mostrato di nuovo. Ogni volta che un riflesso viene palesato, possiede l'immediatezza della sua manifestazione diretta; diviene presente a noi.

Sullo specchio si formerà della polvere. Quando diciamo che la mente è come uno specchio, ricorriamo a una similitudine. La natura della mente, simile allo spazio non nato, non offre né un supporto né una superficie alla quale la polvere possa aderire. E qui si pone la questione: quando sedete in meditazione e un pensiero sembra appiccicarvisi addosso, che cosa vi si appiccica addosso? Quando l'apertura immutabile della mente viene oscurata, da che cosa viene oscurata? Come può l'insostanziale apparirci sostanziale? Se indaghiamo in modo diretto, senza elaborazioni concettuali, questi interrogativi ci condurranno più in profondità nella pratica.

Noi affermiamo che la mente è come uno specchio e che è la vacuità dello specchio a permettere a ogni cosa di essere rivelata… *"Io, me, me stesso"* è come il sosia dello specchio. Come l'ufficio di pubbliche relazioni dello specchio. Anziché rimanere semplicemente rilassato e pienamente presente attimo per attimo, lui avverte il bisogno di rilasciare un comunicato stampa: *"Questo va annunciato, io sono felice!"*. Brevi dichiarazioni come questa vengono rilasciate nell'arco dell'intera giornata. Chi le rilascia? È la natura vuota della mente. L'ego è l'intermediario truffaldino che s'inventa una funzione per sé stesso, collegando aspetti che sono già da sempre inseparabili.

Lo specchio sembra mostrarmi il mio volto, ma ovviamente è il riflesso del mio volto che in realtà mi sta mostrando. Il mio volto e il suo riflesso non sono la medesima cosa. Lo stesso avviene nella meditazione. Siamo catturati dallo svolgersi di un'esperienza. Ciò che ci cattura è un riflesso e anche chi è catturato è un riflesso. Eppure la nostra mente in sé è sempre lo specchio e mai un riflesso.

L A MENTE INFINITA COME UNO SPECCHIO

Questa mente, la nostra mente, è infinita.

Priva di sostanza,

Fresca consapevolezza,

Spoglia, incondizionata,

Non è stata creata e non avrà mai fine.

Completamente vuota eppure sempre colma,

Come uno specchio che manifesta riflessi

Che appaiono senza sosta ma in realtà non esistono.

Il terreno del riflesso

È la vacuità dello specchio.

Se lo specchio non fosse vuoto

Non ci sarebbero riflessi.

Se lo specchio non fosse vuoto

Non sperimenteremmo all'infinito

Innumerevoli apparizioni ogni momento.

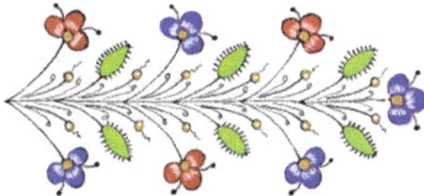

LO SPAZIO ACCOGLIENTE

Quando ci rilassiamo nella presenza del nostro essere, vi è spazio a sufficienza per ogni cosa così come essa è. La nostra spaziosità aperta è illimitata e incolmabile, cosicché non occorre cercare di esercitare un controllo, riesaminando ansiosamente ciò che appare in termini di "buono", "cattivo", "per me", "contro di me", e così via. Tutto ciò che nasce accade nello spazio, simile a uno specchio, della consapevolezza, e questo specchio non cambia. I riflessi in uno specchio cambiano, ma non cambia lo specchio. Quando ne siamo direttamente consapevoli possiamo rilassarci e permettere a qualsiasi cosa sorga di manifestarsi, senza sperare di guadagnarci o temere di perderci. Nessun riflesso può mandare in frantumi uno specchio, nessun fenomeno può devastare, segnare o condizionare la natura della mente. Qualcosa di realmente terrificante o disgustoso posto dinnanzi a uno specchio non incrinerà lo specchio. Analogamente, la mente è in sé stabile e indistruttibile, è vajra. Essa è aperta e vuota e infinita. La mente è priva di sostanza, non ha essenza e non si trova mai a esistere come un'entità. La consapevolezza infinita è inseparabile da tutto ciò che accade. Essa è il fondamento e la base delle manifestazioni che sono a loro volta prive di sostanza. La nostra consapevolezza indistruttibile offre illimitata ospitalità a qualsiasi evento senza alcun danno per sé stessa. È questo il vero rifugio che evidenzia come tutto sia semplicemente ciò che è, completo e non bisognoso di aggiunte o sottrazioni.

La consapevolezza può integrare ogni cosa, poiché ogni cosa è inseparabile da lei. È la nostra componente egoica che si fa tremebonda e si agita, perché l'ego nella sua limitatezza non è in grado di fare fronte a tutto. Noi siamo sia la nostra esistenza fisica limitata sia la nostra consapevolezza infinita. Non si tratta di scegliere tra l'una e l'altra, ma di risvegliarsi all'integrazione di entrambe le nostre modalità. Se questo risveglio avviene, svanisce la sensazione che la nostra esistenza fisica sia l'espressione della nostra individualità, e la nostra presenza incarnata diviene ciò che è sempre stata, un aspetto del gioco dell'energia del campo non duale. Ovviamente, se vi aprite alla vostra consapevolezza potrà sempre capitarvi di essere investiti da una macchina e morire.

Se pensate: *"Posseggo solo questa forma fisica e quando muoio è fatta, quindi devo ricavare il massimo da questa vita e renderla la migliore possibile per me stesso"*, state cercando di ottimizzare ciò che è finito. Ma come ottenete il meglio dalla vita? Qual è la cosa migliore da fare? Che cosa mi renderà felice? Come farò a saperlo? Vi sono così tante possibili attività, eppure ciascuna è limitata e transitoria - un castello di sabbia sulla riva del tempo. Invece la nostra consapevolezza eternamente attuale è immutabile, infinita e sempre già qui. Se siamo presenti a tutto ciò che avviene, saremo sempre dove siamo, soddisfatti della vita così com'è.

La qualità dell'essere sé stessi, presenti e aperti, è più importante di qualsiasi interpretazione o comprensione possa presentarsi, perché ogni comprensione è un semplice evento nel tempo che immancabilmente svanisce. Forse a scuola vi è capitato di scrivere un saggio. Vi lasciate coinvolgere, lo completate, lo consegnate, ottenete un voto – e la vita continua. Tutto l'impegno e la concentrazione che avete profuso nel progetto dileguano. Era solo un attimo. Vi innamorate. È un attimo. Gustate un buon pasto. È un attimo. Non si può trattenere nulla. Non potete portarvi appresso nulla, ma chi è colui che rimane dopo l'evento? Rimanete voi. *"Qualcuno"* è sempre qui. Chi è colui che è sempre qui? Dacché siete nati, siete sempre stati *"voi"*.

Non avete mantenuto la stessa forma, non avete continuato a fare le stesse cose, non avete coltivato gli stessi interessi o frequentato gli stessi amici, ma in qualche modo siete sempre stati voi. Cosa è la vostra voi-tà? Non è né una narrazione né una mistica essenza animica. È la presenza non nata della vacuità.

È questa la verità della mente. Quando ci rilassiamo nell'istante aperto, constatiamo semplicemente l'andare e venire dei moti turbolenti e molteplici della vita - gioia, tristezza, vicinanza e distanza. Qualunque siano le circostanze noi siamo qui – aperti, spaziosi e infinitamente ospitali.

La natura

Non è che questo mondo sia un posto tremendo che ci urge abbandonare. È invece un mondo meraviglioso che non abitiamo fino in fondo – non vi partecipiamo pienamente, perché non siamo interamente presenti. Gli orrori del mondo sono i prodotti della nostra immaginazione, dei nostri piani, aspettative e fantasie, e sono tutti azionati dal motore a due tempi che oscilla tra avversione e desiderio.

Nel thogal l'ininterrotto processo dell'esperienza è descritto come *"dorje lug-gu gyud"*. Lug-gu significa pecora e gyud catena. Capita spesso di osservare pecore che si susseguono in fila indiana lungo uno stretto tracciato sul pendio di una collina. Le pecore avanzano una dietro l'altra, una dietro l'altra… Analogamente, noi abbiamo pensieri che avanzano uno dietro l'altro, uno dietro l'altro… e lasciano tracce. Se ammettete che il pensiero o l'immagine, nel momento in cui spuntano, non sono proprio nulla, non li caricherete di ulteriore significato e loro non lasceranno tracce. Le apparizioni si auto-liberano se vengono lasciate stare. Per questo l'insegnamento è sempre *"Non giudicare!"*. Però esso va accolto con levità, perché anche i pensieri più negativi e i giudizi più estremi non hanno altro fondamento se non il dharmadhatu. Un giudizio scaturito nella dualità e uno stesso giudizio scaturito nella non dualità non sono la stessa cosa, eppure lo sono.

Saraha diceva che in inverno l'acqua diventa ghiaccio e poi in estate evapora. Qual è allora il vero stato dell'acqua, chiedeva. Talvolta la nostra mente si congela come ghiaccio; diventiamo molto netti, molto definiti, e non riusciamo a muoverci. Talvolta siamo rilassati e fluidi come acqua, capaci di adattarci a qualsiasi forma intorno a noi. Altre volte siamo diffusi e dispersi, come vapore o nebbia. Possiamo trovarci in ciascuna di queste tre condizioni. È importante essere capaci di divenire come ghiaccio e assumere una forma definita. È importante essere capaci di divenire come vapore per diffondersi ed espandersi. È importante essere capaci di scorrere, come un fiume. I problemi sorgono quando adottiamo una modalità che è in contrasto con le circostanze, perché in tal caso siamo in disequilibrio con l'ambiente. La nostra pratica consiste nello sviluppare la libertà di spaziare tra le diverse possibilità della nostra esistenza, aderendo al campo esperienziale via via che si manifesta.

Come alghe marine che scivolano tra i flutti, noi possiamo scivolare tra le persone sfiorandole, ma senza graffiare, forzare o pretendere. Siccome anche io vengo mosso, partecipo del movimento co-emergente insieme con te. Se non costringo la definizione della mia identità in uno schema definito di movimento, non mi disturba essere influenzato da te. Tutte le mie forme sono me, egualmente me. Io, in quanto consapevolezza aperta, non guadagno e non perdo nulla cambiando forma. Permettendo al mio configurarmi di co-emergere, la mia energia è per l'altro, per il mondo, per una partecipazione spontanea, intrinsecamente etica, nel campo della non dualità. Quando ci risvegliamo al nostro fondamento privo di fondamento, scopriamo che il libero movimento della sua energia scaturisce senza sforzo.

Con il termine tibetano "rang bab", che significa "cadere da sé", come fa una cascata, si intende il processo del permettere alla mente di essere come è, di dispiegarsi senza interferenze. Una cascata cade da sé rispetto alle rocce e al vento. Analogamente, il flusso della nostra mente si limita a scorrere, imprevedibile, passando da coerente a incoerente Se permettete che ciò avvenga, il che equivale a non interferire con quello che accade, iniziate a fidarvi, *"Oh, la vita trova da sola la sua strada"*. In particolare, vi rendete conto che *"non sono io il responsabile"*.

Stavo guardando un video per bambini su un elefante che voleva volare. L'elefante non sapeva volare, ma alcuni amici riuscirono a issarlo su un albero, quindi sopraggiunse una nuvoletta gentile che si mise a fluttuare al di sotto. L'elefante dall'albero saltò sulla nuvola e cadde attraverso di essa. Similmente, la vacuità è come una nuvola e noi siamo come elefanti. Finché non diverremo molto leggeri, leggeri e vuoti, continueremo a precipitare attraversandola. Non saremo capaci di permanere nella vacuità finché non saremo vuoti anche noi.

Tutte le esperienze della nostra vita sono come uccelli che volano in cielo. Magari uscite per fare una passeggiata e un ricordo vi torna in mente all'improvviso. È uno splendido uccello. È entrato nella vostra mente e poi se n'è volato via. Gli uccelli, tuttavia, possono anche cacarvi sul capo. Se siete catturati da un pensiero, questo può iniziare a frullarvi in testa. Allora accade qualcos'altro. Il bellissimo piccolo colibrì è stato rimpiazzato da un'aquila e poi da un avvoltoio. Eppure anche loro voleranno via. Ogni cosa se ne vola via. Solo il cielo rimane.

Occorre scegliere. Possiamo essere cacciatori o uccelli, oppure possiamo essere come il cielo. Se siamo come il cielo ogni cosa arriverà e poi se ne andrà – e possiamo godere del volo degli uccellini. Oppure possiamo essere cacciatori, sempre intenti a cacciare o uccidere gli uccelli, il che produce un'attivazione permanente nella nostra mente, perché siamo sempre in guardia, sempre pronti a scattare. Un simile atteggiamento predatorio ci rende ciechi alla bellezza e alla libertà insita nelle situazioni. Ma se diventiamo uccelli, arriverà il cacciatore a catturarci e noi spenderemo la nostra vita cantando in una gabbietta.

Se comprendiamo che identificandoci con i nostri pensieri diveniamo come un uccello, è inutile sognare di fuggire in una terra senza cacciatori, perché finché ci saranno uccelli ci saranno anche cacciatori. Inoltre, anche dentro la nostra gabbia, per quanto piccola, vi è ancora dello spazio. L'integrazione con questo spazio rivela la libertà della nostra vita anche se versiamo in situazioni di costrizione. Ecco perché nella nostra pratica miriamo a integrarci con lo spazio il più rapidamente e facilmente possibile. Solo quando riposiamo nello spazio in quanto spazio ci appare chiaro che l'uccello e il cacciatore hanno la stessa natura; sono entrambi pensieri, entrambi identificazioni prive in sé di identità intrinseca.

Finché un seme non è che un seme che sta per conto suo, il suo potenziale è latente. Che si trasformi in fiore o in erbaccia non è poi così importante. Le erbacce sono un problema solo quando crescono in luoghi in cui non sono gradite. Mentre sediamo in meditazione i pensieri, che siano buoni o cattivi, non sfociano in attività nel mondo, per cui non sono poi tanto pericolosi. Questo ci permette di accostarci a loro senza incoraggiarli né bloccarli e di vedere cosa effettivamente sono. Ciò favorisce la maturazione della saggezza. Nel renderci più sensibili e attenti, la nostra pratica può naturalmente anche renderci più consapevoli delle difficoltà e delle afflizioni nel mondo intorno a noi, il che in apparenza accresce la nostra sofferenza. Ma se restiamo presenti agli avvenimenti, lasciandoci toccare ed emozionare, la maturazione della compassione sarà favorita.

Questa sera ho notato una donna che annaffiava i fiori in giardino. Ovviamente non annaffiava soltanto i fiori ma anche le erbacce, perché fiori e erbacce crescono assieme. Se desiderate coltivare dei fiori, vi assicurate che il suolo riceva acqua e nutrimento, il che lo rende un terreno adatto anche alle erbacce. La stessa cosa avviene nello sviluppo spirituale: più nutri il tuo potenziale più divieni consapevole che iniziano a germogliare nuovi tipi di erbacce.

Siamo come bambini che passano la mattina a costruire un castello di sabbia sulla riva del mare e quando ci ritornano dopo pranzo sono molto infelici perché l'acqua ha spazzato via la loro opera. Tutto ciò che costruiamo sono solo castelli di sabbia ed è pura fantasia immaginare che quanto abbiamo realizzato nella nostra vita sia più di questo. Ciò non significa che non dovremmo costruire castelli di sabbia, perché la nostra presenza fisica nel mondo ci predispone a intraprendere attività. Il punto chiave è capire che tutto quanto facciamo e tutto ciò che ci succede è come un sogno, un miraggio, un'illusione. Le apparizioni sono innegabili eppure prive di sostanza. Lì non c'è nulla cui aggrapparsi. Quando afferriamo qualcosa, in realtà stiamo afferrando i nostri stessi costrutti concettuali.

Le onde degli oggetti che vengono verso di noi e le onde delle nostre proiezioni che vanno verso di loro interagiscono continuamente. C'è sempre qualcosa di nuovo cui interessarsi e reagire. Quando le onde del mare si incontrano, il loro impeto genera schiuma bianca. Analogamente, noi trascorriamo la vita nelle evanescenti bolle spumeggianti di ciascun momento che, caricato in eccesso, ci incapsula.

Se uscite in barca e soffia il vento vedrete accavallarsi le onde. Ecco che arriva un gabbiano e si posa sull'acqua. Prima volava e ora dondola sulle onde. Si prende un po' di riposo, ma ciò su cui si è posato è instabile. Così è anche la nostra mente. Gli attimi scorrono nel tempo come onde nel mare. Ogni onda svela un pensiero che sembra intrigante e il gabbiano, che è la nostra attenzione, vi si posa sopra, credendo che possa essere fonte di nutrimento, di pesce. Tuttavia, nel momento stesso in cui pensate: *"È questo il luogo al quale appartengo"*, venite spostati. Tutta la manifestazione è dinamica, e i nostri tentativi di stabilizzarne i movimenti ci distolgono dalla possibilità di essere presenti come la nostra stessa mente, l'unico aspetto della vita che è fermo.

Nella fiaba della Bella Addormentata, dopo essersi punta un dito nel giorno del suo compleanno, la fanciulla cade in un sonno profondo. A poco a poco le piante selvatiche, i cespugli e i rovi la ricoprono, ma un giorno un giovane principe si mette alla sua ricerca. Egli penetra nell'oscura foresta, si addentra fino al groviglio di spine aguzze e sguainando la spada si apre un varco attraverso di esso finché raggiunge la fanciulla. Quindi, con un bacio dolce e gentile, la sveglia. Molti considerano la vita spirituale come qualcosa di simile. Si immaginano che tutti gli esseri siano Buddha Addormentati ricoperti da diversi tipi di condizionamenti e di karma. Allora, a guisa di eroi, promettono di sfoderare la sacra spada della verità, recidere gli ostacoli e liberarli. Anche questa è una fiaba. In effetti abbiamo tutti bisogno di imparare a lavorare con le circostanze e a trovare il modo di comprendere come gli ostacoli stessi siano la via, e che non vi è nessun tesoro nascosto da qualche altra parte. Il luogo in cui rinvenire il tesoro è sempre esattamente dove siamo.

L'autunno è la stagione in cui gli scoiattoli giungono alla fine del periodo indaffarato e raccolgono le ultime noci prima dell'inverno. A volte le nascondono sotto terra, a volte in piccoli buchi negli alberi. Sfortunatamente la memoria degli scoiattoli non è molto buona, perciò all'inizio della primavera capita spesso di vederli grattare qua e là, scavando nella terra nel tentativo di trovare dove hanno sotterrato le loro noci. Analogamente, anche noi conserviamo frammenti della nostra vita, i nostri valori e le nostre identità, depositandoli in diversi luoghi e persone. Nella misura in cui questi altri divengono rilevanti per noi, è come se parti di noi fossero incorporate in loro e le potessimo esperire solo in loro presenza. In apparenza abbiamo trovato un modo affidabile per trasferire il passato nel futuro, immagazzinando tesori per quando ne avremo bisogno. Ma gli oggetti cambiano, le persone cambiano, i nostri umori e desideri cambiano. E quando rivisitiamo luoghi, persone, idee, e così via, che un tempo erano tanto importanti per noi, rischiamo di scoprire che sono diventati semplici echi. Il passato se n'è andato, il futuro è inconoscibile. Tutto ciò che abbiamo è la possibilità di aprirci e di essere pienamente presenti adesso. È più utile seguire l'esempio del Buddha che cercare di essere uno scoiattolo di successo.

In primavera in campagna è possibile vedere agnellini che saltano, i campi sono vasti e loro compiono balzi qua e là e corrono intorno. La loro incantevole energia è fine a sé stessa. È pura gioia e semplice entusiasmo di essere vivi. Se ci sentiamo più simili a una vecchia pecora stanca che ha già visto tutto, ci occorre davvero assaporare la fresca esperienza del campo. Siamo stanchi perché siamo gravati di responsabilità e le nostre idee sono fiacche, abusate e logore. Ma se riusciamo ad accantonarle e a stare con quello che c'è – bene, allora è perfetto. Il vasto campo sconfinato del dharmadhatu è sempre fresco e radioso nel suo imprevedibile distendersi. La meditazione ci aiuta a sbarazzarci delle nostre idee tediose e a godercela nello sconfinato spazio della mente. Niente è poi così serio.

Quando diciamo che una cosa è buona e un'altra è cattiva, portiamo in primo piano alcuni aspetti del mondo e ne releghiamo altri sullo sfondo. Attenzione selettiva, interpretazioni banali e giudizi di parte riempiono il nostro piatto con una scelta molto ridotta dello smisurato buffet del mondo. In tal senso siamo come giardinieri che sgobbano per modellare il mondo come piacerebbe loro che fosse. Eppure se ci inerpichiamo su montagne selvagge osserviamo piante e cespugli che crescono spontaneamente e vanno bene così come sono. Coltivando il suo giardino privato, l'io ignora la generosa munificenza della natura.

IL NUTRIMENTO

In tibetano il termine *"cha"* significa *"una quota"* o *"una porzione"*. Esso indica qual è la nostra fetta. La nostra fetta di mondo ci viene rivelata tramite la nostra partecipazione. Riceviamo quello che riceviamo, e lavorare con questo ci mantiene vivi e connessi con ciò che è vitale. Immaginare che dovremmo ricevere qualcosa di diverso, qualcosa di meglio, significa non vedere cosa c'è nel nostro piatto. Non è molto utile star sempre a guardare cosa c'è nel piatto di qualcun altro.

Mangiare ha lo scopo di soddisfare il senso del gusto nella bocca e la sensazione di fame nello stomaco, garantendo in tal modo che assumiamo nutrimento sufficiente per sostentare corpo e mente. Lo scopo della meditazione è simile. Innanzitutto deve appagare la nostra bocca: in effetti la meditazione deve piacere. Personalmente non mi piacciono i broccoli, evito di mangiarli, per cui non avrebbe molto senso per me pregare il Buddha dei broccoli. È importante trovare una pratica che abbia un gusto dolce al palato e che ci doni una crescente chiarezza. Non è sufficiente praticare solo perché qualcuno ci ha detto di farlo. Dobbiamo verificare con la nostra esperienza, con la nostra sensazione. *"Che impatto ha su di me?"*. Il Buddhismo ha un orientamento pragmatico, i metodi sono concepiti per produrre determinati risultati. Noi non pratichiamo per il semplice gusto di fare qualcosa per passare il tempo. La pratica è fondata sulla nostra intenzione, e l'intenzione deve essere sincera se vogliamo che si mantenga.

Se avete una tazza e ci versate dell'acqua, lei si colma. Perfino uno spazio grande quanto uno stadio di calcio si riempie non appena vi affluiscono centomila persone. Pensate a tutte le esperienze che avete avuto oggi. Come mai non siete pieni? A volte ci sentiamo sopraffatti e tutto ciò che desideriamo è che la gente si tolga di mezzo. Ci pare di avere raggiunto il limite della nostra capacità. Questo perché la superficie della nostra mente si è fatta appiccicosa, e gli eventi ci si incollano. Siamo pieni di riso attaccaticcio. Tutto sembra in eccesso. Ma se un attimo dopo ci viene offerta un'esperienza che giudichiamo gradevole, ne prendiamo un gran boccone. Improvvisamente abbiamo trovato un po' più di spazio. La natura della mente è spazio, è il coinvolgimento dell'io che limita la nostra capacità di essere disponibili. Rilassatevi e lasciate andare. Tutti i fenomeni si autoliberano nell'infinito della consapevolezza.

Nelle nostre vite noi tutti costruiamo, strato dopo strato, una spessa lasagna di significati, e sappiamo tutti che le lasagne sono molto pesanti. Gran parte della nostra sofferenza ha origine perché l'esperienza di noi stessi e del nostro ambiente è mediata dalle nostre solite storie. Queste storie contengono una tendenza o un preconcetto che rende la nostra attenzione selettiva, bloccando molte delle altre possibilità che potremmo prendere in considerazione. L'obiettivo della meditazione è mettere in discussione le nostre supposizioni cosicché la narrazione possa creare connessioni e comunicazione, piuttosto che rassicurare in modo autoreferenziale il nostro ansioso ego.

La tradizione propone linee guida generali su quando adottare ciascuna delle pratiche, ed è importante ricordare che ognuna di esse è un metodo. Più che intrinseca, la validità di un metodo dipende dalla situazione. Prendiamo per esempio un pelapatate. Ha la funzione di rimuovere la buccia delle patate e la assolve molto bene. A me piace usarlo, ma se avessi magnifiche patatine novelle non mi sognerei di pelarle. Non conta quanto sia efficiente il mio pelapatate, con le patate novelle è del tutto inutile. La tradizione tibetana dispone di molti *"pelapatate"*. La domanda è: *"Che varietà di patate ci offre la vita in questo istante?"*.

Se siete abituati a pietanze con molto sale, aglio e chili, ma per qualche ragione dovete mangiare semplice riso bianco e verdure al vapore, il cibo non vi sembrerà tanto saporito. Avrete voglia dello stimolo prodotto dai forti sapori del sale, dell'aglio e del chili. Questa è la nostra situazione. Noi siamo dipendenti dalla concettualizzazione e quando si ha una dipendenza, dal tabacco, dall'alcol o da qualsivoglia attività, si finisce per ritornare a quell'attività perché sembra procurarci qualcosa di importante. Ricorriamo al consueto perché genera in noi un senso di appartenenza, di adeguatezza e di piacevole familiarità. Ecco perché la meditazione va praticata con costanza. Quello che stiamo facendo con la pratica è abituarci a ciò che è effettivamente qui. Il fresco sapore dell'istante può sembrare insipido e noioso quando si è assuefatti alle spezie dell'ansia, della paura, della speranza, dell'eccitamento e così via. È la nostra stessa mente a procurarci questi gustosi supplementi. Quando inseguiamo i nostri pensieri e le nostre emozioni sovra-stimoliamo il palato, e allora il semplice gusto della vita quale-essa-è ci sfugge. Attraverso la pratica ci rilassiamo e scopriamo che il meno corrisponde al più.

Quando ero bambino se non mangiavo quello che avevo nel piatto, carne e verdure, non ricevevo il dolce. Lavorare con l'energia è il dolce. Prima dovete digerire il piatto principale, ovvero risvegliarvi alla vostra intrinseca apertura. Se mangiate tutto il tempo solo budini, vi cadranno i denti e vi riempirete di brufoli.

Per dare spazio a una nuova esperienza, quella vecchia deve lasciare il campo. In caso contrario le due esperienze si mischierebbero e la mistura ottenuta non sarebbe né vecchia né nuova. Se pranzando al ristorante vi accorgeste che sul bordo del piatto che vi hanno servito ci sono incrostazioni di cibo vecchio, non sareste contenti. Potreste perfino dire al cameriere: *"Sono contrariato. Voglio un piatto pulito per il mio cibo fresco."* Analogamente, quando la vostra mente è aperta, disponibile e libera dal passato, potete assaporare il fresco nutrimento del momento presente. Ma se il piatto della vostra esistenza è traboccante di accumuli di vecchi vissuti, essi contamineranno qualunque cosa avvenga ora, e questa triste mistura non rinfrescherà il vostro nauseato palato.

Il complesso in realtà è semplice, perché la nostra esperienza diretta è fatta di momenti discreti: questo, questo, questo. Noi fabbrichiamo complessità collegando un semplice momento a un altro e poi a un altro ancora, come a un pensiero segue un altro pensiero. Questo collegamento attraverso il tempo genera un senso di densità, di solidità e di complessità – cosicché ogni istante assomiglia a un tramezzino imbottito a più strati. Questa apparente complessità è prodotta dalla nostra attività mentale, dalla nostra elaborazione concettuale. Quando allentiamo il nostro solito sforzo, gli attimi diventano leggeri spuntini.

La mente infinita

La mente è infinita.
Una cosa infinita non ha limiti.
Se non ha limiti non ha margini né confini.
Al di fuori della mente non vi è nulla.
Nulla da esportare o importare.
Se sorge per te, è tua!
E allora…
Da dove viene?
La mente non viene da nessuna parte
Eppure ogni cosa viene dalla mente.
Scoprire questo è trovare te stesso.
Tuttavia, paradosso dolce e amaro,
Lei non può essere trovata.

IL SAMSARA

Il samsara è il tentativo di rendere stabile ciò che non può essere stabilizzato, quindi non ha mai fine. Mentre lottiamo per realizzare l'impossibile, non ci occupiamo dell'unico elemento stabile, la porta che apre al nirvana.

Nella rilassata spaziosità aperta ogni cosa si manifesta così com'è, e questa ospitalità, che non ha pretese, placa l'intensa agitazione nervosa che avvia il motore del samsara.

Sedendo tranquilli in meditazione possiamo osservare la nascita del samsara. Quando siamo catturati da un qualsiasi fenomeno e l'apertura della mente sembra svanire, il soggetto è ammaliato dall'oggetto e così dimentica il fondamento comune dell'esperienza e di chi la fa. Ne deriva un grande scompiglio senza che nulla di fatto sia stato creato. L'illusione ha origine nel momento in cui consideriamo solida l'energia della mente. Questo ci conduce lontano da dove siamo senza portarci da nessun'altra parte. La base aperta è la madre del samsara ma l'illusione è suo padre.

Non potete afferrare l'istante, ma potete essere presenti in esso quale esso è. Potete abitarlo direttamente o indirettamente. Abitarlo direttamente si chiama nirvana, farlo indirettamente si chiama samsara.

Non è che siamo finiti nel samsara molto tempo fa e ora stiamo lottando per uscirne, quasi fosse una specie di incubo infernale. Il samsara inizia e finisce ogni secondo, ogni istante. Spunta un pensiero, vi immergete in esso, ed ecco il samsara. Il pensiero termina e in quel preciso attimo c'è spazio, e se in quello spazio siete presenti, il samsara se n'è andato. Allora vi accorgete che non vi è alcun muro tra il samsara e il risveglio. Non sono fondamentalmente diversi.

La sofferenza del samsara ha origine perché, nonostante noi in qualche modo sappiamo di essere infiniti e immutabili, nel tentativo di conferire stabilità a quella che crediamo essere la nostra identità, finiamo per proiettare inutilmente il nostro desiderio di immutabilità sull'ego individuale, ovvero su un aspetto dell'esperienza che di fatto cambia sempre.

Se credete che il samsara e il nirvana siano diversi, è come se ci fossero due fabbriche. Una produce il samsara e l'altra il nirvana. Nel samsara tutto è male, mentre nel nirvana tutto è bene. Se aderiamo a questa visione, dobbiamo chiudere la Fabbrica del Samsara e sospendere la produzione di sofferenza. Ottenuto questo, continuerà la produzione nella Fabbrica del Nirvana e tutto sarà molto bello e luminoso. Non è questa la visione dello dzogchen. Secondo lo dzogchen c'è un solo fondamento, una sola fabbrica dalla quale escono, senza venire prodotti, sia il samsara sia il nirvana. È la Fabbrica di Sogno dell'illusione, ove entrambi sono semplici riflessi nello specchio della mente.

TERAPIA E BUDDHISMO

Nella mia esperienza di terapeuta mi sono reso conto che la pratica della meditazione può aiutare chi è tormentato e perso. Può aiutare a separarsi dalla percezione abituale di essere irrimediabilmente inglobati nel flusso dell'esperienza. Sviluppare calma e chiarezza ci consente di stare seduti sulla riva del fiume a osservare la corrente senza finirci dentro. Con qualche indicazione e un po' di supporto noi tutti possiamo imparare a essere attenti a ciò che accade senza lasciarci coinvolgere. È un grande sollievo. Non sono né il mio sintomo né la mia diagnosi. Sono colui che può iniziare a capire che cosa sta succedendo e che cosa sto facendo.

La nostra meditazione si basa sulla vacuità, la vacuità della nostra mente e la vacuità di tutti i fenomeni. Risvegliarci alla natura illusoria dell'esistenza ci permette di non prenderci troppo sul serio. Le esperienze transitorie nascono e svaniscono, e così noi impariamo a partecipare senza reificare, rinunciando alle seduzioni limitanti di paure e speranze. Quando lavoriamo come terapeuti, che le sedute siano buone o cattive, il transfert positivo o negativo, qualunque cosa si manifesti è il gioco della vacuità. Allora non ci sarà poi molto da dire sul nostro lavoro, se non: *"Oh sì, un'altra giornata piena."*.

I pensieri negativi ricorrenti finiscono per essere come un grande vecchio divano, molto pesante da spostare e molto comodo e invitante. Noi possiamo collassare nelle nostre convinzioni nevrotiche e sentirci a nostro agio Allora si vede il mondo da quella prospettiva.

Ovviamente, nel contempo accadono parecchie altre cose, ma ora voi siete seduti comodamente e guardate nella direzione prescelta. Fare qualcosa di nuovo non è altrettanto interessante che ripetere le deliziose limitazioni della nostra nevrosi. Oh, oh!

Niente dura per sempre. Quando arriva la primavera spuntano i fiori. Quando giunge l'autunno i fiori muoiono e poi, in inverno, non resta quasi nulla sul terreno. Quando iniziai a lavorare come terapeuta non sapevo molte cose, ma era primavera e le idee fiorivano. Dopo qualche tempo il giardino del mio studio fioriva. Ma gli anni passano e ora, nonostante sappia molto di più, per me è quasi inverno e la mia vita professionale presto cesserà. Così è la vita, tante cose che un tempo potevo fare, ora non le faccio più. È tempo di lasciare andare. Prendiamo il nostro posto nel mondo a seconda delle stagioni. Quando arriva l'inverno l'entusiasmo cala e il nostro umore è più calmo. Conoscere la realtà della perdita, sapere come lasciare andare e sperimentare meno di quanto facevamo un tempo, ebbene, queste esperienze struggenti possono accentuare la nostra empatia e permettere una più profonda accettazione della vita. Molta teoria della terapia si concentra sulla natura del cambiamento psicologico, come se il cambiamento non avvenisse a meno che non lo facciamo accadere noi. Eppure riflettere sulla nostra transitorietà ci rammenta che il cambiamento è il cuore dell'esperienza intera e che il potere della nostra azione non è poi così grande. Nei pazienti il cambiamento si verifica quando si aprono ai ritmi sempre cangianti della vita.

Nel considerare la nostra storia dobbiamo tenere a mente gli ingredienti che la compongono. Questo è semplice se state preparando un'insalata, perché gli ingredienti combinati insieme sono di facile identificazione. Se cucinate una pietanza nel forno, come le lasagne, non è così semplice, perché il calore produce una trasformazione. I diversi sapori si amalgamano e generano un sapore composito. La funzione di un terapeuta attento in un setting clinico, è di aiutare il cliente ad assaporare il cibo crudo dell'esperienza diretta. Ogniqualvolta cucinate l'esperienza infilandola nel forno dell'abitudine e della supposizione, distruggete molte delle sue vitamine. Aiutate il cliente a restare vicino alla freschezza del suo vissuto e sostenetelo nel riconoscere il processo attraverso il quale costruisce la sua storia composita. Certo, noi abbiamo bisogno delle nostre storie se vogliamo funzionare nel mondo, perché questo mondo è fatto in larga parte di storie, ma dobbiamo anche capire che ogni storia che raccontiamo è solo una storia, solo una versione, solo uno schema di quello che potremmo narrare. Se la storia ci cattura e noi la prendiamo per vera, perdiamo la nostra chiarezza.

Al termine della terapia il paziente, dopo essere stato liberato dal transfert, è ora in grado di vedere che il terapeuta è una persona comune. Il sogno dell'eccezionalità di questa particolare persona si dissolve. Ma questo non fa smettere di sognare. I sogni continuano. Terminato il sogno dell'analisi ne potreste iniziare uno nuovo, magari sognare del *'buddhismo'*. I sogni si susseguono e ciascuno di essi appare reale e vero. Mantenere lucidità, esseri svegli nel sogno, permette di partecipare senza solidificare o aggrapparsi.

L'idea di un sé diviso può essere piuttosto scioccante, perché mette in discussione la sensazione familiare per la quale *io sono semplicemente me stesso*. In effetti, non siamo né divisi né unitari. Siamo multipli, una miriade di forme energetiche. La nostra molteplicità talvolta appare coerente e talvolta appare incoerente. Anziché trattare la nostra molteplicità come un'orchestra cui occorre una partitura e un direttore, potremmo semplicemente permettere alla nostra diversità di mostrarsi e collaborare rispettosamente. Il nostro sé è dinamico e relazionale, pertanto ogni descrizione che diamo di noi stessi è valida contestualmente e non intrinsecamente. Essere persone equilibrate significa essere capaci di sottoporre a terapia di gruppo tutti i diversi aspetti di noi stessi.

LA SAGGEZZA E LA COMPASSIONE

L'equilibrio tra la saggezza e la compassione è molto importante. La saggezza ti dà spaziosità mentre la compassione ti dà connessione. Questi due aspetti sono strettamente collegati. Si librano dal cuore come le due ali di un uccello.

La compassione è il risvegliarsi alla realtà della nostra connessione con gli altri. Questa connettività è da sempre già qui, presente ancora prima che noi ne siamo consapevoli. La qualità della compassione è la connettività.

Tutte le varie pratiche tantriche servono a sciogliere i nodi che esistono nel nostro corpo e che ostacolano il movimento dell'energia attraverso i canali corporali. Questo ci libera in modo da avere una maggiore plasticità e più capacità di movimento all'interno dell'incessante e vorticoso fluttuare del mondo. In quest'ottica, occorre rilassare la saggezza nella presenza aperta, nella spontanea non-dualità con l'inafferrabile fondamento dell'essere, mentre la compassione deve diventare qualsiasi cosa la situazione richieda. Se sappiamo chi siamo realmente, nella consapevolezza di non essere nulla abbiamo accesso al potenziale di essere tutto ciò che è necessario.

Se, considerando l'ampia gamma delle nostre e altrui confusioni, rinunciamo ai nostri soliti atteggiamenti giudicanti, avremo maggiori opportunità di diventare più sensibili nei confronti degli altri e di noi stessi. Essere in sintonia con la complessità della vita ci aiuta a vedere che non esiste un modo facile di mettere a posto noi stessi o gli altri. Per tutti noi c'è sia la confusione sia la possibilità di risvegliarci da essa. Il che non è lo stesso che *"essere a posto"*. L'integrazione con la vacuità, con la consapevolezza non nata, non elimina i problemi della vita e non fa di noi *"persone migliori"*. Lo spazio che schiude permette agli schemi di essere ciò che sono, passeggeri e di grande impatto. Che li giudichiamo utili o nocivi, nella vacuità sono vacui. Sono così. Aprendoci alla vacuità sviluppiamo compassione priva di reificazione. Non convertiamo noi stessi in oggetti o strumenti e neppure convertiamo gli altri in oggetti o strumenti. Trasformare gli altri in qualcosa da adoperare per i nostri piani, per i nostri scopi personali, è il basso modo di travisare gli insegnamenti. Voler cambiare le persone prima di averne scorto la vuota natura illusoria, è una via certa verso il conflitto e la violenza.

Ogni cosa è illusione, mera apparenza priva di essenza sostanziale. La saggezza consiste nel vedere che tutto è illusione. La compassione consiste nell'essere attenti e premurosi nei confronti di coloro che sono intrappolati nell'illusione dovuta all'ingannevole credenza che i fenomeni siano fondamentalmente reali in sé stessi.

Come vengono attivate la saggezza e la compassione nelle nostre esistenze personali? Sostanzialmente la saggezza riguarda la comprensione della natura illusoria della nostra esistenza. Il che non significa che sia tutta fantasia e quindi che nulla abbia importanza, perché la saggezza è inseparabile dalla compassione, e la compassione consiste nell'avvertire l'immediatezza del legame che ci unisce a tutto e tutti. La compassione significa confidare che essere rilassati, aperti e connessi rende possibile una delicatezza di partecipazione che è al tempo stesso fondamentale ed etica.

Aiutare gli altri non comporta necessariamente l'esistenza di un ponte fra noi e loro, giacché siamo già sempre nel mondo emergente che include noi e gli altri. Tuttavia secondo i nostri pensieri e opinioni il mondo può essere un mondo auto-referenziale occupato solamente da noi stessi. Quando ci pare di vivere dentro noi stessi, protetti o limitati da una soglia elevata, aumenta la sensazione di essere un'entità autonoma. Eppure questa sensazione di identità individuale è in realtà una risonanza energetica all'interno di un campo di energia. Vale a dire che noi siamo comunicazione e che ci spostiamo con il campo in cui risiediamo. Non siamo altro che energia che risponde a energia.

Gli altri esseri sono il nostro mondo. Non sono un supplemento opzionale. Finché consideriamo gli altri come separati da noi e da ciascun altro, ci sforziamo di unirci a loro oppure di distanziarci da loro. Quello sforzo ci condanna all'artificiosità. Siamo tutti insieme in *"questo"*, sebbene non sia possibile definire cosa *"questo"* sia e qualsiasi intesa al riguardo sia destinata all'equivocità. Avvertire la realtà della co-emergenza rende la disponibilità verso gli altri naturale quanto il respiro.

PRATICARE L'UNITÀ DI SAGGEZZA E COMPASSIONE

La visione

Il nostro vero essere, ciò che siamo e come effettivamente siamo, non è una *"cosa"*. È un'apertura nella quale sembrano espandersi e contrarsi molti fenomeni. Il bene e il male sono entrambi il gioco vuoto della mente. Quando ne siamo consapevoli, ci apriamo a tutto quanto accade senza aspettarci o temere nulla.

Lo spazio è indistruttibile, è al di là di ogni condizionamento o contaminazione. Aprendoci alla nostra stessa spaziosità, siamo affrancati dai pregiudizi e dalla selettività, liberati dall'urgenza di controllare gli altri e di classificarli come amici o nemici. Senza attese di guadagni o perdite, possiamo donare luce e amore e accogliere oscurità e dolore. La vacuità dell'intera manifestazione è la sola verità. Etichettare come buono o cattivo, desiderabile o indesiderabile, è una semplice opinione contingente e condizionata che alimenta turbamenti e un'incessante reattività.

La pratica

Come pratica immaginiamo che il centro del nostro essere, il nostro cuore, sia uno sconfinato, limpido cielo azzurro. Il nostro fondamento, la nostra base, è semplicemente spazio infinito. Immaginiamo che raggi di luce di arcobaleno sgorghino in questo limpido spazio azzurro propagandosi e creando connessioni con ogni possibile essere vivente e in ogni luogo possibile. Raggi di luce di arcobaleno - la benedizione della vacuità - raggiungono tutti gli esseri viventi risvegliandoli alla luce, che è la loro qualità intrinseca. Allora immaginiamo che da questi esseri viventi scaturiscano tutte le limitazioni, tutti i diversi modi in cui essi si rivoltano contro sé stessi e contro gli altri, per ritornare a noi sotto forma di ombre scure, di sagome spaventose e di veleno. Tutta questa oscurità avanza verso di noi, penetra nello sconfinato cielo azzurro del nostro cuore e svanisce in esso. Noi ci apriamo per accogliere le limitazioni e la sofferenza di tutti gli esseri viventi. Chi lo fa? La nostra consapevolezza, l'inseparabilità di saggezza e compassione. L'oscurità non penetra nella nostra angusta identità egoica, bensì nell'infinito del nostro cuore aperto. Noi ci concentriamo alternativamente ora sui raggi di luce di arcobaleno che si propagano verso tutti gli esseri viventi, ora sulle loro difficoltà che vengono verso di noi. Se vi accorgete che la sofferenza che vi raggiunge è troppa, allora concentratevi semplicemente sulla luce dell'arcobaleno che emana dal vostro cuore.

La funzione

Questo è un lavoro che il nostro io non può fare. Non si tratta di obbligarci a superare i nostri limiti. Lo sforzo eroico non ci assolverà dall'illusione della dualità. Uno sforzo di questo tipo conferma solamente i nostri concetti di alto e basso, di buono e cattivo. Il cuore aperto si trova oltre la dualità. Non è un'opinione, uno stato o una credenza. Non è in relazione a nessun'altra cosa. La mente vuota e infinita può offrire e ricevere tutto, perché non entra in conflitto o in contraddizione. La non dualità è libera da 'questo contro quello', da *'sé contro l'altro'*. Senza questa libertà la nostra compassione troverà rapidamente i suoi limiti e il nostro ego protesterà: *"E io?"*. Questa pratica molto semplice è l'integrazione di saggezza e compassione. La compassione è non avere limiti o blocchi in relazione agli altri esseri viventi, la saggezza è scoprirsi inseparabili dalla vacuità, la base di tutto. La vacuità non riguarda solo noi e il nostro cuore, ma tutti gli altri esseri viventi e tutto quanto si manifesta. La vacuità significa che tutta l'apparenza in realtà non ha sostanza. Nella sua forma l'apparenza è concreta e precisa, eppure è priva di un'essenza individuale definita. L'apparenza né esiste né non esiste; le sue forme illusorie sono la creatività della mente. La mente crea ogni cosa e tutto esiste in quanto esperienza della mente. Non nata e incessante, questa è l'immediatezza della mente al di là di ogni concettualizzazione.

Normalmente siamo come un recipiente di qualche tipo. La nostra tazzina da caffè, ad esempio, può contenere solo una certa quantità di liquido. Se prendessimo un litro d'acqua e cercassimo di versarlo nella nostra tazzina, sul pavimento si creerebbe una bella pozza. Siccome ci identifichiamo con i nostri abituali pensieri e sentimenti, noi crediamo di essere finiti, pertanto la nostra capienza è ridotta come quella di una tazzina. Non riusciamo a tenere molto dentro di noi e ci sentiamo facilmente invasi e sopraffatti. Oppure crediamo di essere illimitati senza aprirci alla nostra base infinita. Così finiamo per fare e offrire troppo, fino al punto di esaurirci e collassare.

La pratica di immaginare di essere l'infinito, limpido cielo azzurro ha lo scopo di scoperchiare la tazza del sé, così che possa essere insieme sorgente e spazio, capace di elargire all'infinito e di ricevere all'infinito. Quanto possiamo reggere? Beh, dipende da chi siamo in questo istante. Se ci troviamo nella nostra dimensione contratta e spaventata non possiamo reggere molto. Quando invece siamo meno ansiosi e preoccupati possiamo gestire di più. Perché fintanto che ci identifichiamo con il nostro ego autoreferenziale, la nostra capacità di accogliere tutto ciò che accade è limitata. Quando invece ci troviamo nella nostra dimensione rilassata e aperta, non dobbiamo sopportare niente né sforzarci di gestire, perché non sperimentiamo il mondo come un peso. Allora ogni cosa, qualsiasi cosa, diviene possibile.

In questa pratica noi cambiamo marcia, ci allontaniamo dall'esclusione di tutto quanto non corrisponde alla nostra identità, dall'essere ristretti, limitati e difesi. Affrancandoci dalle identificazioni fatte di pensieri, memorie ed emozioni, ci rilassiamo nella mente infinita, intrinseca e non creata. La mente è essa stessa la sorgente e il campo di questi fattori limitanti. Averne coscienza è il mezzo principale per liberare noi stessi dal loro potere limitante. Questa pratica in tibetano è chiamata tonglen: tong significa *"do agli altri ciò che è positivo"* e len *"prendo dagli altri ciò che è negativo"*. Si tratta di uno scambio inconsueto. Solitamente noi accettiamo o riceviamo dagli altri cose buone e in cambio condividiamo i nostri problemi e le nostre preoccupazioni. Tendiamo a essere egoisti e sulla difensiva e a porci come *"prima io"*. Con questa pratica noi mettiamo l'altro al primo posto, eppure stranamente ciò non avviene a nostre spese. Non si tratta di fare i martiri o di sacrificarsi. Piuttosto riconosciamo che il nostro sé ordinario è un'illusione, un costrutto privo di essenza, così lasciamo che si dissolva nell'oceano della consapevolezza senza perderci, anzi, guadagnando in realtà la comprensione di come tutto realmente è. La saggezza del vedere questo, dell'essere questo, è inseparabile dalla compassione.

VARIE

Da piccolo stare in mezzo alla gente mi rendeva ansioso. Odiavo le feste perché in Scozia a quei tempi i bambini dovevano imparare e recitare qualcosa per l'occasione, solitamente una canzone, una barzelletta o una poesia. Dover recitare mi metteva molto a disagio. Non mi piaceva essere visibile perché mi faceva sentire confinato in uno spiacevole isolamento. Ricordo che all'età di circa sette anni fui invitato a una festa in casa di un amico. Doveva essere nel periodo natalizio perché c'era un albero di Natale e ciascun bambino, dopo avere cantato la sua canzoncina o quel che era, riceveva un regalo da sotto l'albero. Ma io ero troppo timido per fare alcunché. Alla fine mia madre venne a prendermi e mentre camminavamo lungo la strada scoppiai a piangere perché non avevo ricevuto il mio regalino. Allora mia madre disse: *"Oh, possiamo tornare indietro e prendere il tuo regalo."*. Così tornammo a casa del mio amico e nonostante io non avessi alcun merito per guadagnarmi il dono, grazie al potere della benedizione materna lo ottenni e fui molto contento. La madre del mio amichetto disse: *"Sì, certo che puoi averlo, James."* Così è anche oggi. Sin dal principio il potenziale di buddha è un regalo destinato a noi, possiamo riceverlo in ogni momento. Ma se siamo timidi e ci mancano le qualità per risvegliarci da soli, allora Padmasambhava ci prenderà per mano e si accerterà che riceviamo il nostro dono. Non dipende tutto da noi.

La parte iniziale della meditazione, la sensazione del limpido cielo azzurro, offre un nuovo inizio per ogni cosa. La parte intermedia offre una ulteriore dispersione del vecchio, del solido, dell'apparentemente durevole. La parte finale della meditazione è la rinascita nel flusso non nato del divenire. Questa pratica non finisce mai.

Non è necessario modificare drasticamente il nostro comportamento esteriore perché, come rileva Patrul Rinpoche, ciò che deve cambiare non è la maniera in cui i fenomeni sorgono, ma la maniera in cui svaniscono. Vale a dire che con la nostra pratica la vita procede come sempre, ci alziamo, ci laviamo, andiamo a fare compere, cuciniamo, però lo spazio particolare dal quale ci dedichiamo a queste attività è diverso. Qualunque cosa si manifesti, compreso il nostro senso di sé e dell'altro, emerge come manifestazione dell'apertura della mente. La pratica è chiamata *"dzogpa chenpo"*, grande perfezione: vedere l'intrinseca purezza o perfezione di tutti i fenomeni ci libera dal nostro impulso abituale a controllare e migliorare gli eventi.

Rilassatevi, siamo qui, proprio nell'istante della rivelazione condivisa o della co-emergenza con gli altri. In questa non dualità infinita, in quanto parte del preciso istante noi rispondiamo con spontaneità e prontezza.

Quando nel rapportarci agli altri riusciremo a usare la loro confusione e le loro limitazioni per alimentare la nostra saggezza, saremo capaci di riconoscere il loro contributo e gliene saremo grati. Questo ci permetterà di essere più generosi nei loro confronti. In tal modo loro potranno forse sperimentare lo spazio entro cui rilassarsi dall'identificazione con le forme limitate di identità. Questo in teoria. Nella pratica, naturalmente, è un po' più difficile.

La visione buddhista descrive come avviene che perdiamo la spaziosità aperta dell'essere, la nostra presenza originaria, quando precipitiamo nell'errata identificazione con i fenomeni transitori quasi fossimo davvero quelle apparenze.

L'apertura rivela l'attimo indefinito, lo spazio immediatamente precedente al nostro parlare, muoverci, pensare o agire. Ci manifesteremo e colmeremo questo istante sulla base di ciò che desideriamo avvenga cosicché, conoscendo in anticipo come sarà il momento successivo, finiremo per chiudere l'apertura? Oppure ci rilasseremo e ci apriremo, rimanendo qui presenti qualunque cosa accada? Se anziché controllare ci apriamo, vediamo che la base dello spazio e ciò che da esso scaturisce non sono due *"cose"* separate. La loro non dualità rivela l'indistruttibilità pervasiva dello spazio. Lo spazio è colmo ma non viene dismesso, perché è colmo della sua stessa radiosità. Lo spazio e la sua radiosità non sono né uguali né diversi – sono non duali. Lasciarsi sorprendere dal mondo e da noi stessi mantiene la vita fresca e connessa.

La pratica tantrica aiuta ad ammorbidire la nostra percezione del mondo. Il tavolino di fronte a me è fatto di legno solido e pare un oggetto duro, separato ed esistente di per sé stesso. Io e il tavolo sembriamo evidentemente due entità distinte. La realtà del tavolo si propone da sé così come la realtà separata di me sembra essere intrinseca a me stesso, eppure conosco sia il tavolo sia me stesso attraverso l'esperienza che ne ho. Sono esperienza per la mia mente e nella mia mente. Il loro stato non esiste in sé, ma dipende da come io interpreto la mia esperienza, inoltre sia l'esperienza sia la sua interpretazione non sono che fuggevoli riflessi nello specchio della consapevolezza. Chi descrive, chi interpreta e chi giudica sono solo funzioni della mente, esse sembrano me, ma non sono colui che sperimenta, che è pura, aperta e nuda consapevolezza. Piuttosto che concentrarci sempre sulla descrizione delle *"cose"* e delle loro *"qualità"*, la meditazione ci induce a scoprire chi è colui che effettivamente fa esperienza dell'esperienza. Questa è l'unica indagine che libera tutto.

Nella visione del Buddhismo l'essenza della saggezza è l'apertura o la vacuità. Prestando attenzione ai nostri processi mentali mentre siamo con gli altri, arriviamo a riconoscere il modo in cui costruiamo il nostro senso di noi e degli altri a partire dalle nostre esperienze passate, delle nostre conoscenze e delle nostre proiezioni di fantasia. Tutte queste magiche costruzioni illusorie che sembrano tanto reali, di fatto avvengono nello spazio della mente aperta e vuota.

Nella meditazione possiamo iniziare a essere presenti nell'istante in cui spunta un pensiero. Ci accorgiamo di essere immediatamente catturati dal pensiero non appena nasce, generando la sensazione o l'idea *"sono arrabbiato"* o *"sono stanco"* o *"devo chiamare mia madre"*. Sono seduto in meditazione e spunta il pensiero: *"Cavolo! Non ho chiamato mia madre."*. Ora, se la mia meditazione non è molto forte e siccome mia madre è molto forte, mi precipito al telefono. Se la mia meditazione fosse anche solo di poco più profonda potrei accantonare quel pensiero, dedicando al contenuto solo un pizzico di attenzione ma permettendo alla forma del pensiero di scorrere via, sapendo che, naturalmente, penserò a mia madre subito dopo. Qual è quindi la relazione tra me, mia madre e il pensiero? Il pensiero è la saldatura, la colla che sembra unire queste due entità apparentemente separate, me e mia madre insieme. Eppure il pensiero svanisce. Svanisce senza lasciare traccia e in quell'istante svanisce anche il senso di mia madre e di me. E la scomparsa avviene senza sforzo. Quando la transitorietà e la vacuità del *"soggetto"* risultano chiare, ecco che si palesa la nostra mente simile al cielo.

Nella meditazione sviluppiamo un'attitudine di apertura e tenerezza verso i nostri pensieri e un'analoga capacità di ricevere la tenerezza del mondo. È la tenerezza del mondo che ci sostiene. Se dobbiamo fare tutto da soli, come se agissimo contro il mondo, ci esauriamo. Ma la nostra vera forza scaturisce dall'essere capaci di lavorare con il mondo mentre si muove intorno a noi e in noi. Noi siamo inglobati nel mondo, ne siamo parte, ed è questa la nostra forza. I nostri pensieri arrivano, ma non come pensieri nostri prodotti in privato, bensì come i pensieri del mondo che passano attraverso di noi. Quando siamo presenti nella non dualità, tutta la forza e tutta la ricchezza di cui abbiamo bisogno è liberamente disponibile per noi.

Quando si manifesta una paura esistenziale, anziché evitarla dovremmo andarle incontro, aprirci a lei e lasciare che palesi la sua vera natura. Quando affiorano paura e ansietà, vengono infagottate in idee, interpretazioni e supposizioni con tale rapidità, che diventa difficile scorgere la nuda semplicità di ciò che accade. Se incappiamo nell'esperienza infagottata possiamo esserne scoraggiati e se la dobbiamo affrontare spesso scivoliamo nel ruolo dell'eroe. Allora fronteggiamo il nostro nemico e a impegnarsi è il nostro ego. Grazie a questo possiamo dolorosamente conquistare qualità come la pazienza e il coraggio. Ciò è molto utile. Eppure dalla prospettiva dello dzogchen il nostro scopo non è essere eroici ma aperti come il cielo. Il cielo si lascia attraversare da tutto, aerei, temporali e arcobaleni, sono lì e poi non ci sono più e il cielo rimane intatto. L'indistruttibile mente vajra è come il vuoto cielo spazioso – accetta tutto senza scontri, riserve o pregiudizi.

Quando pratichiamo la shiné o la shamata di base, ci focalizziamo esclusivamente sul nostro respiro. Noi aggioghiamo il cavallo della nostra intenzione all'aratro della nostra attenzione e lo allineiamo con il piccolo duplice solco all'ingresso delle nostre narici. Quindi manteniamo l'aratro semplicemente stabile e fermo. Bene, quanti di voi sono riusciti ad arare in rettilineo per quindici minuti?

Secondo la nostra solita e ordinaria percezione duale, tutto ciò che facciamo nel mondo e tutto ciò che ci succede è un'affermazione della realtà sostanziale dei fenomeni. Fortunatamente o sfortunatamente, si tratta di una fantasia dovuta all'ignoranza. Quando abbiamo successo, quando non abbiamo successo, quando siamo felici, quando siamo tristi, ogni esperienza, ogni nostra azione vengono lette come prove che soggetto e oggetto sono reali e separati. Per questo i testi dicono che il samsara è infinito. Siamo noi che preserviamo il flusso di disinformazione, di interpretazioni erronee e di confusione. Se non ci rendiamo conto di cosa stiamo facendo, questa insensatezza continuerà all'infinito. Ma se guardiamo attentamente e vediamo come scambiamo per fatti le nostre supposizioni, possiamo iniziare a mettere in discussione l'apparente verità delle nostre credenze. Rendendoci conto che sono costrutti, siamo in grado di capire che tutto ciò che si manifesta a noi è solo illusione priva di essenza. Il che è molto utile.

Tuttavia un risveglio ampio e profondo avviene quando ci rendiamo conto che noi stessi, il soggetto, colui che pensa, conosce e agisce, di fatto non sono altro che schemi di esperienza nella nostra mente. Il mio *"io"*, la mia *"identità"*, sono una sequenza di configurazioni di energia evanescente, che è il gioco della mia mente. Che cos'è dunque la mia mente? Dov'è? Com'è? È la grande porta, la porta sempre aperta, la porta verso la libertà che è sempre stata con noi. Trovarla subito e attraversarla senza esitazioni o moniti, senza voltarci indietro o cercare altro, questa è l'origine dello dzogchen nel nostro mondo. E questo è il dono dei tre enunciati di Garab Dorje: sii aperto, non dubitare, rimani aperto.

La preghiera è un metodo che utilizza la struttura della separazione dualistica per intensificare l'energia dell'anelito, cosicché il nostro io ordinario e la forma divina possano iniziare a vibrare e a congiungersi rivelando la nostra stessa vacuità. Dopo che avete pregato con grande fede e avete ricevuto le luci delle quattro iniziazioni, Padmasambhava si colloca sulla sommità del vostro capo suscitando sentimenti caldi nel vostro cuore. Quindi si trasforma una sfera di luce e discende nel vostro cuore. Voi siete consapevoli di questa presenza radiosa che entra dentro di voi, molto in profondità dentro di voi. Tutto quello che avete sempre desiderato, tutto quello che avete sempre agognato in un'altra persona, in un altro oggetto, è ora presente come questa radiosa presenza nel vostro cuore. Vi aprite completamente ad essa e vi dissolvete in essa. Allora la singola sfera di luce non duale si riduce a un punto e scompare. C'è solo apertura, vacuità. Dimorando in questa spaziosità, i fenomeni gradualmente appaiono.

La manifestazione scaturisce dallo spazio come espressione dello spazio e non è sostanzialmente diversa dallo spazio. Così tutto ciò che accade è Padmasambhava.

La vera guarigione è risvegliarsi ai tre aspetti integrati della mente: apertura, chiarezza, capacità e prontezza di risposta. Questo guarisce recidendo l'ignoranza fondamentale che è la radice dei cinque veleni, dell'attaccamento e di tutte le sofferenze che sopravvengono.

Se abbiamo sufficienti elementi di sostegno attorno a noi, ci sembra di essere a posto. Eppure è come il gioco di prestigio di un illusionista. Ci illudiamo facilmente e senza fatica pensando di essere ben saldi, mentre in realtà siamo impulsivi, reattivi e veramente instabili. Non siamo instabili perché siamo cattivi o pigri, ma perché tutti i fenomeni sono transitori.

Il nostro senso del sé spesso implica la percezione che noi siamo una 'cosa' fissa, un'essenza sostanziale. Tuttavia, se consideriamo come effettivamente siamo, notiamo che non siamo fissi o definiti. Il nostro io è un continuo processo di auto-formazione, un dischiudersi dinamico e interattivo del potenziale del nostro essere che è aperto, vuoto e sempre disponibile. La formazione autoreferenziale del sé è come la revisione di un racconto, un modo per organizzare i momenti dell'esperienza in una storia apparentemente coerente che confermi la continuità e l'integrità del nostro io. Esso tuttavia non esiste da sé, ma è modellato istante dopo istante con i nostri pensieri, i quali in maniera auto riflessiva convalidano il nostro io come qualcosa di già esistente. Siamo tutti impegnati nell'attività di costruzione dell'io associata alla pratica di ignorare la realtà di questa costruzione e di fingere che perduriamo in quanto tali. La grande quantità di lavoro di revisione richiesta da tutto ciò, tiene la nostra attenzione ben lontana dal fondamento aperto dell'essere. La buona educazione fa sì che in società tolleriamo gli scivoloni nei racconti degli altri – *"non ti dirò che sei incoerente se tu non mi dirai che io sono incoerente!"*. E così continua l'eterna sceneggiata dell'individuo sempre al centro del palcoscenico.

Osservando attentamente, possiamo notare che quando ci identifichiamo e ci fondiamo con i nostri pensieri e sentimenti fino al punto da percepirli come *"me"*, noi siamo impegnati in un processo di formazione e creazione del nostro senso dell'io. I pensieri non sono specchi o raggi x che mi mostrano chi sono effettivamente. Sono i mattoni di chi veramente sono, per come ritengo di essere. Con questa chiarezza possiamo iniziare a vedere chi è questo *"io"* quando non pensiamo a lui.

Ciò che il Buddhismo suggerisce è molto inquietante e radicale. I testi rilevano che siamo addormentati in un sogno nel quale scambiamo per il tutto una parte del nostro potenziale. Il sogno è composto da un particolare insieme di cause e di eventi. Per cause da noi create nel passato siamo nati in questa dimensione umana, condividendo con altri individui un particolare tipo di karma. La visione in apparenza condivisa rinforza la nostra credenza che l'illusione sia reale e ci distoglie dall'investigare. Dopo qualche tempo, le forze causali che determinano l'accesso a questo regno si esauriranno e ci ritroveremo in un altro regno, un altro ologramma, un altro ambito di esperienza – e probabilmente non sarà altrettanto gradevole. Occorre quindi che ci risvegliamo dal mondo di sogno del samsara.

Non esiste un manuale attendibile che possa dirci come vivere. Stiamo tutti improvvisando. In questa situazione la cosa migliore è tenere occhi, orecchie e cuore bene aperti e continuare a ballare. Ci sono naturalmente molti manuali che possono suggerirci cosa fare in generale, ma le nostre vite non si vivono *"in generale"*. Siamo mirabilmente collocati nel tempo e nello spazio con la specificità davvero unica di ogni singolo momento della nostra vita. Soltanto noi vediamo attraverso i nostri occhi - accettare questa realtà rivela la solitudine del mondo dell'ego. Possiamo cercare di eludere questo dato di fatto usufruendo di genericità condivise, ma la nostra specificità è unica. Mappe e manuali possono darci la sensazione di conoscere qualcosa prima di averla sperimentata. Tuttavia la nostra esperienza vissuta è quella di essere qui in questa situazione fresca, e di dover rispondere entro il dispiegarsi dinamico. Dovremmo allora fidarci delle mappe assegnateci, oppure occuparci dell'immediatezza della realtà e partecipare come non-dualità incarnata? Se scegliamo quest'ultima opzione, iniziamo a confidare che troveremo la nostra strada camminando nel mondo quale esso si palesa.

Per poter evolvere dobbiamo trovare un modo di abitare la tensione sempre esistente tra il nostro desiderio di eccitamento, creatività, espansione e nuove opportunità da un lato, e il nostro bisogno di comodità, rassicurazione e certezza dall'altro. La chiave è di non attribuire a nessuna situazione o possibilità un valore definitivo. Tutto conta e allo stesso tempo non conta affatto.

Il flusso della mia esperienza scorre incessantemente. Posso essere aperto al flusso come qualcosa di separato dalla consapevolezza, oppure come campo partecipativo della consapevolezza. I pensieri, i sentimenti e le sensazioni scaturiscono dalla vacuità, nella vacuità e come vacuità. Assaporare senza afferrare rivela che ogni momento è ricco e fresco. Quando non occorre fare nulla, riposiamo nella consapevolezza e non siamo turbati da qualunque forma si manifesti. Questo è kadag, la purezza primordiale della mente. In caso di necessità, come in un sogno, appariamo come configurazioni di energia nel campo della chiarezza. Questo è *lhundrup*, co-emergenza non duale, compassione priva di reificazione, la presenza istantanea del potenziale della consapevolezza. La purezza immutabile e la presenza istantanea sono inseparabili.

La visione dello dzogchen evidenzia come l'attaccamento derivi da un orientamento dualista, dallo stabilire opposte categorie i cui poli appaiono sia esistere per davvero, sia essere fondamentalmente diversi. Tra queste polarità la più basilare è quella del sé e dell'altro, credenza che genera la sensazione che io esista separatamente dagli altri e dall'ambiente intorno a me. Stabilito questo, la speranza di un guadagno e il timore di una perdita divengono i principi che regolano il nostro coinvolgimento con tutto quanto consideriamo altro.

La mente non è una proprietà dell'io, piuttosto è l'io che è una costruzione della mente. Quando non ce ne rendiamo conto, l'apertura o il potenziale della mente vengono ignorati tramite una reificazione decontestualizzante dell'apparenza e un attaccamento alle manifestazioni della creatività della mente, incluso il nostro *"io"*.

L'essenza della pratica meditativa è il lavoro sottile di riequilibrare il nostro consueto preconcetto riguardo al nostro senso di essere un io individuale. Questo preconcetto conferisce alla nostra percezione di individualità un senso di importanza e centralità che in effetti non ha. Paradossalmente il nostro vero centro non può essere trovato, perché è la nostra consapevolezza spaziosa e non nata, presente ovunque eppure eternamente elusiva.

Quando meditiamo aprendoci a tutto quello che accade, all'inizio succede come con gli appuntamenti lampo. Negli appuntamenti lampo molti sconosciuti alla ricerca di amore si ritrovano insieme. Seduti in coppie, hanno cinque minuti di tempo per presentarsi e conoscersi. Poi passano alla persona successiva. Troverò il mio unico vero amore? Nella meditazione vogliamo scoprire chi siamo veramente. Quindi interroghiamo tutti i candidati che si propongono. Uno dopo l'altro, i pensieri sfilano di fronte a noi intriganti, seducenti, incantevoli e accattivanti. Dicono: *"Amami! Fonditi con me! Sono tutto quello che stavi cercando."*. Poi il pensiero svanisce ed ecco presentarsi il successivo a ripetere lo stesso vecchio ritornello. Tante parole ma niente sostanza. Dolci parole e poi addio. Bene, se cerchiamo amore duraturo dobbiamo accontentarci della mente e non rincorrere queste affascinanti ma, oh, tanto ingannevoli tentazioni.

Gli abiti si fanno vedere quando li indossate. Se un abito rimane appeso nell'armadio non sapete veramente com'è fatto. Dovete tirarlo fuori e reggerlo davanti a voi, ma nemmeno allora saprete se è quello giusto in quel momento. Per scoprirlo dovete indossarlo. È solo quando l'avete addosso che l'indumento si rivela, insieme con l'umore che ispira in voi. Analogamente, la natura e lo stato del soggetto e dell'oggetto non vengono rivelati dal pensiero astratto. Quando ci apriamo alla nostra esperienza qui e ora, attimo per attimo, allora scopriamo che il "sé" e l'"altro" vanno a rivestire ciò che accade. Ora potete rendervi conto se vanno bene e se sono necessari. Noi tendiamo a indossare troppi vestiti, siamo tutti infagottati in abitudini, ricordi e vecchia roba rimasta troppo a lungo nel guardaroba della nostra mente. Se siamo presenti nella freschezza della nostra mente per come si manifesta, conquistiamo la fiducia che ci consente di essere nudi e disadorni. Questo è Kuntuzangpo, il nostro essere nudo, l'espressione corporea del dharmadhatu. Questo dharmakaya indossa i vestiti solo a beneficio degli altri – a richiesta nuovi abiti si presentano senza sforzo. Il sé e l'altro, il bene e il male, sono tutti passati di moda nella terra di buddha.

L'acrobatica esperienza di essere noi stessi emerge in relazione all'ambiente. Quanto più ci apriamo in modo fresco all'ambiente per come esso si rivela, tanto meno statici diventiamo. È questa l'essenza dell'insegnamento dzogchen: non possiamo controllare la nostra identità egoica. Il nostro io è parte del mondo e muterà al mutare del mondo. Voi lasciatelo pure cambiare e trovate, invece, la quiete là dove è sempre stata.

P iuttosto che cambiare l'oggetto che si manifesta, sia esso buono o cattivo, noi allentiamo semplicemente il vincolo dell'identificazione e dell'attaccamento. Il vincolo è creato da noi, non dalle qualità dell'oggetto. Basta desiderarlo, e il dolce sapore della libertà già ci appartiene.

S ul punto essenziale del riconoscimento della nostra vera presenza, non vi è nulla da riconoscere. Non è un oggetto e non è una cognizione. Non otteniamo nulla, non scopriamo nulla e nemmeno riconosciamo nulla. La nostra presenza non è qualcosa che possiamo ottenere o perdere. Non è né un oggetto da trovare né una qualità del soggetto da sviluppare. Se allentiamo l'ansiosa fissazione che provoca la percezione dualistica, ci ritroviamo nella consapevolezza non nata. Non ci dissolviamo nel nulla totale, non svaniamo del tutto. Piuttosto, rinunciando all'illusione di essere una sostanza, noi, il riflesso, ci ritroviamo nello specchio e come lo specchio. La falsità della costruzione di sé si dirada come nebbia al sole e la chiarezza della non dualità ci permette di vedere noi stessi quando non c'è nulla da vedere e nessuno che lo veda.

I l problema del soggetto non può essere risolto dall'oggetto. La nostra confusione, le difficoltà che avvertiamo, l'incertezza su chi siamo e sul significato della nostra vita non si risolveranno trovando l'oggetto perfetto e innamorandocene. L'adorabile altro potrà con-cedervi il permesso di prendervi una vacanza dalla fatica di essere voi stessi, ma dopo un po' scoprirete che la fatica è ancora lì. Per questo dobbiamo imparare a stare con noi stessi, con i nostri pensieri e sentimenti, e trovare il modo di lasciarci condurre da loro al nostro vero essere.

Noi siamo nel mondo come parte del mondo, e il mondo si palesa a noi attraverso la nostra partecipazione. Noi veniamo rivelati a noi stessi e agli altri attraverso la nostra partecipazione. Le vie aperte per noi sono due: partecipare come individui separati, oppure partecipare come componente non duale del campo che si dispiega.

La pratica della meditazione può lentamente modificare il contenuto della nostra mente ma, cosa ancora più importante, essa cambierà il rapporto che abbiamo con il contenuto della nostra mente. La meditazione può essere molto noiosa, e questo può aiutarci a essere sempre meno affascinati e dipendenti dal contenuto dell'esperienza. Quando i nostri pensieri e sentimenti sono presi per ciò che sono, l'attenuarsi del nostro interesse ci permette di iniziare ad assaporare la consapevolezza scevra di contenuto. Ciò non significa che non vi sia alcun contenuto, esso è ancora lì, come prima, ma la nostra semplice consapevolezza rimane intatta.

La chiarezza prodotta dai pensieri si sviluppa collegando un pensiero a un altro. Invece la chiarezza che è frutto del rilassamento, dell'apertura e della vacuità è anteriore al pensiero. I pensieri sorgono come i lucenti contorni della consapevolezza, come quando guardate il mare al chiaro di luna e le scie delle onde che si rifrangono luccicano di un bagliore argenteo. I nostri pensieri sono come minuscole gocce di spruzzi, di meravigliosa energia scaturente dall'oceano aperto del dharmakaya. Sono l'incessante dispiegarsi del potenziale luminoso della nostra mente.

Il nostro potenziale di buddha è qualcosa in cui possiamo confidare. Il problema è che ne abbiamo perso il contatto. Dobbiamo cambiare qualcosa per poterci connettere con il nostro vero essere. Per cambiare marcia e passare dal samsara al nirvana dobbiamo innestare la frizione della vacuità. Ora come ora siamo bloccati sulla marcia della nostra identità karmica, viaggiando a questa particolare velocità e percependo ciò che è dato percepire a questa velocità. Tuttavia possiamo cambiare marcia utilizzando la vacuità, così ora viaggiamo alla maniera del mandala e tutto ciò che appare è Padmasambhava.

Il punto fondamentale è molto semplice. Non prendete la vita troppo sul serio. Se vi guardate indietro, scoprirete che nel passato avete già attraversato molti guai, e ora se ne sono andati. Adesso state lottando con i problemi del momento, e se sarete tanto fortunati da rimanere in vita, saranno rimpiazzati da nuovi problemi nel futuro. Quindi non date troppa importanza ai problemi di oggi, non sono il capolinea.

La mente della divinità è vacuità, la consapevolezza pura, aperta e illimitata che è la base di ogni cosa. Tutto affiora all'interno di questa mente. Questa mente non è un qualcosa che va incontro agli oggetti come se fossero esterni a essa, lei è proprio la cornucopia, il vero grembo dell'esistenza, dove soggetto e oggetto conducono il loro eterno gioco.

Imparate a rilassare il corpo, ad allentare le tensioni muscolari e le formalità dell'auto-presentazione. Imparate a lasciare che il discorso fluisca liberamente, rinunciando a correzioni e interruzioni, rimanendo presenti all'interagire interpersonale. Imparate a fidarvi dell'apertura non nata della vostra mente, tralasciando l'identificazione con i pensieri, i sentimenti, i ricordi e tutto ciò che può emergere.

Praticate la rinuncia ai vostri attaccamenti, l'apertura alla connessione con gli altri e l'insediamento nello spazio intrinseco del vostro essere.

Quando ci relazioniamo direttamente con la nostra esperienza personale, iniziamo a scorgere l'immensità della rivelazione del movimento integrato di soggetto e oggetto. Vale a dire che la qualità alla radice della nostra intelligenza viva – la nostra consapevolezza – è inafferrabile. Non ha alcun contenuto personale o privato suo proprio che sia sempre presente, è piuttosto un potenziale capace di produrre al suo interno infinite forme.

Niente è meglio di qualcosa? La questione di fondo è proprio questa. Dobbiamo essere chiari con noi stessi. Sta sprecando la sua vita la Yogini che vive in una caverna? In mezzo al *"niente"* c'è tutto; in mezzo al *"qualcosa"* c'è delusione.

Anziché considerare le nostre vite di ogni giorno stabili, sicure e affidabili, attraverso la pratica della meditazione noi arriviamo a sperimentare la nostra mente come un inafferrabile flusso di esperienza nella spaziosità aperta, vuota e simile a uno specchio. Tale cambiamento può suscitare inquietudine. Che fine ha fatto la rassicurazione derivante dall'immutabilità degli oggetti e dalla coazione a ripetere? Se rinuncio all'apparente affidabilità delle forme e degli schemi ai quali mi aggrappo, le mie ipotesi perderanno forza, le mie risposte automatiche perderanno velocità e io non saprò come agire o come essere me stesso. E questo sarebbe un miglioramento? Bene, la compiacenza con cui abbiamo agito funziona solo se l'ambiente la favorisce. Tutti gli schemi sono vulnerabili al cambiamento. Il nostro ego, la nostra personalità, il nostro senso di sé – tutte queste sono configurazioni prive di essenza e sensibili ai cambiamenti dell'ambiente. Se vediamo che così stanno le cose, forse possiamo cercare ciò che è veramente affidabile. Il fatto sorprendente e strano è che l'aspetto più affidabile dell'esistenza è la sua vacuità. L'assenza di una sostanza propria nei fenomeni costituisce il fondamento della liberazione dalla fantasia illusoria che vi siano entità stabili e fidate.

Nell'apertura fondamentale priva di contenuti intrinseci, e attraverso di essa, ogni movimento, ogni gesto, l'intera esperienza si rivelano attimo per attimo come uno specifico e transitorio questo o quello. La nostra partecipazione nel mondo è in tal modo parte del flusso dell'energia che emerge. È questa la nostra vitalità, perché non stiamo più funzionando col pilota automatico. Noi non diamo le cose per scontate. La freschezza del nostro contatto con il mondo vivente ci tocca e ci commuove. Il soggetto e l'oggetto danzano senza sosta creando infinite figurazioni, mentre la nostra mente, la nostra vera consapevolezza è calma, chiara e serena.

Non avendo una forma precisa, quando la nostra consapevolezza manifesta momenti configurati in modo particolare, è come se essa (scambiata erroneamente per identità personale permanente) fosse di fatto il contenuto attuale della nostra mente. In quell'istante è come se noi, la nostra consapevolezza non nata, fossimo la nostra gelosia, il nostro orgoglio, la nostra pigrizia, la nostra scrupolosità. Non vi è alcuna base sostanziale per questa apparente fusione, identificazione e affezione. Sembra che sia comparso un riflesso nello specchio, e in un qualche modo c'è, sebbene non sia mai stato messo dentro né possa essere tirato fuori. Analogamente, i pensieri sono nella nostra mente e può sembrare che siano la mente stessa, eppure non sono né uguali a lei né diversi da lei. Pertanto è fondamentale non reagire al contenuto passeggero della mente come se fosse o non fosse me stesso. Il coinvolgimento è frutto della coscienza dualistica. Non apporta nessun vero beneficio e ci confonde rispetto a come la nostra mente è veramente. Quindi riposate nell'integrazione intrinseca della consapevolezza e della sua espressione, perché dimenticare la base aperta fa sì che l'energia della mente appaia sostanziale, e questo genera tutti gli elementi del samsara.

La qualità della consapevolezza è palesare ciò che è qui, e ciò che è qui è l'energia della consapevolezza. Se non siamo presenti come consapevolezza, essa rivelerà semplicemente le qualità delle formazioni dualistiche transitorie di soggetto (con il quale ci identifichiamo) e oggetto (che ci piace o non ci piace). L'aspetto dell'energia rappresentata dalla coscienza coinvolgente dell'io si aggrapperà a qualunque cosa con cui sia in contatto, senza capire che questi *"oggetti"* sono essi pure aspetti dell'energia della mente. Se ad esempio nella meditazione pensiamo: *"Oh no, sono stanco, non posso praticare.*", ciò avviene perché sembra che la stanchezza sia tutto quello che c'è. Non siamo presenti alla sorgente, alla consapevolezza illuminante, per cui la chiarezza si manifesta nelle sembianze di noi stessi, smarriti nella fusione con qualsiasi cosa si manifesti.

Quando ci sentiamo sopraffatti, abbiamo la sensazione che l'oggetto o la situazione siano grandi, e che noi stessi, il soggetto, siamo piccoli. Noi, il soggetto, ci sentiamo vulnerabili e malfermi e la situazione, l'oggetto che affrontiamo, ci sembrano potenti e ineluttabili. Siamo certi che ne saremo schiacciati e che non sopravvivremo. La meditazione è l'unico modo di uscire da tale illusione. Dobbiamo confidare nella verità della vacuità e lasciare andare la nostra reificazione e la nostra paura. Rimanete rilassati dinanzi a qualunque cosa compaia ed essa sparirà davanti a voi. Il potere dell'oggetto è il potere della nostra mente – perché mai allora lo conferite all'oggetto?

Quando ascoltate il dharma provate a sperimentare le parole come gocce di pioggia che dolcemente vi scendono addosso, lavando via tutti i vostri dubbi e confusioni. In particolare, quando ascoltando notate come si sviluppano le frasi, potete osservare l'operato congiunto delle diverse particelle grammaticali. La co-dipendenza, l'interdipendenza o l'origine co-dipendente sono molto evidenti nel linguaggio; ciascuna componente della frase svolge il suo ruolo nel dare vita a qualcosa. Prestando attenzione a questo, possiamo cominciare a percepire direttamente la qualità energetica delle parole al momento del loro impatto sui diversi centri del nostro corpo. Il fatto che il linguaggio - un fenomeno tanto effimero e interdipendente - sembri suffragare la nozione di entità reale, è davvero alquanto sorprendente.

Se lo dzogchen dice: *"Ogni cosa è pura fin dal principio."* e noi diciamo: *"No, io covo certi pensieri veramente brutti, sono una persona orribile. Non voglio che si sappia questo di me."*, ciò indica che stiamo escludendo noi stessi dalla nostra purezza intrinseca. Il fatto che altre persone possano essere d'accordo con noi riguardo all'orrore delle nostre qualità, ci darebbe la possibilità di servirci dei loro limiti per riaffermare i nostri. L'opinione della società conferma la realtà dei limiti, mentre la meditazione ne rivela il carattere illusorio.

Nella nostra pratica siamo aperti al fatto che tutto sia puro, tuttavia quando siamo nel mondo in mezzo agli altri è anche necessario essere prudenti. Dzogchen non significa che dobbiate essere ingenui. Sebbene tutti gli schemi dell'esperienza siano veramente vuote illusioni, essi possono scontrarsi, e lo fanno, gli uni contro gli altri con esiti dolorosi. Quindi finché non vi è chiaro che anche il dolore è illusorio, è meglio stare attenti.

A Halloween i bambini si travestono da spiriti e demoni e vanno in giro a bussare alla porta della gente. Indossano maschere, si dipingono i volti e *"Uuuuuh!"*, vogliono suscitare spavento, ma in realtà sono solo amabili bimbetti. La stessa cosa avviene con i pensieri che sembrano tanto orribili e insopportabili. In effetti altro non sono che gli amabili figli della vacuità; essi sono i figli del dharmakaya. Quando li osservate da questo punto di vista, i pensieri sono radiosa luminosità, per quanto possano apparire scialbi o irritanti. La qualità della *"radiosità luminosa"* non va intesa nel suo contenuto semantico o esplicito, essa è la chiarezza propria dell'energia della manifestazione mentre si muove all'interno del campo di consapevolezza. La chiarezza è la relazione tra la manifestazione e la sua base di vacuità. Pertanto, qualunque sia l'esperienza e qualsiasi cosa stia avvenendo, rimanete rilassati, aperti e non coinvolti.

Non disperate se la vostra mente sembra molto torpida. Il fatto di sentirsi vivi ed essere consapevoli del torpore costituisce in sé la radiosità intrinseca della mente non nata.

Una volta, quando praticavo il chod in Ladakh, me ne stavo seduto fuori dalla mia minuscola tenda a scrivere sulla carta da pacco di una confezione di bastoncini di incenso. Io scrivo sempre molto e avevo finito la carta. Mi ero piantato la tenda in un piccolo campo di cremazione parecchio distante dal villaggio più vicino, quand'ecco arrivare a grandi passi tra le pietre un lama che puntò gli occhi su di me seduto lì a scrivere. Raccolse due pietre e le picchiò una contro l'altra dicendo con forza: *"Le pietre sono meglio delle parole, non ti causeranno tanti problemi."*. E schizzò via di nuovo. Quel lama mi è stato di grande aiuto. La nostra abituale irresistibile attrazione per particolari idee, i nostri sforzi di congelare il momento o di catturare i nostri pensieri apparentemente tanto importanti, ebbene, questi sono pericolosi angoli ciechi per chi medita.

Il Buddha affermava che l'attaccamento è l'origine della sofferenza. L'attaccamento è il nostro tentativo di restare aggrappati all'idea di qualcosa, cosicché crediamo di poterla trasferire dal passato al presente e quindi al futuro. Ovviamente non è l'oggetto in sé che spostiamo, ma solo l'idea che ne abbiamo. Ma a causa del nostro attaccamento alla dualità, l'oggetto così com'è e l'idea che ne abbiamo sono fusi insieme. Nell'attimo in cui avviene l'attaccamento ci scordiamo che in nessun oggetto c'è verità, in nessun oggetto c'è esistenza inerente. Le stagioni cambiano, le lingue cambiano, i confini nazionali cambiano, i corpi cambiano, i pensieri e i sentimenti cambiano. La sofferenza nasce perché noi siamo riluttanti a prendere le cose per come realmente sono.

La funzione della meditazione è di immetterci nel flusso ininterrotto dell'esperienza di vita. Non si tratta di controllare, migliorare o disfarci delle cose, ma di trovare il giusto equilibrio come fa un surfista, cavalcando le onde dell'esperienza nel loro continuo rotolio.

L'energia della mente è incessante ed è impossibile afferrare anche un solo attimo della nostra esistenza. Quando vogliamo afferrare, ciò che otteniamo è un'idea o un concetto che sembrano rappresentare l'esperienza stessa. Confondere questi aspetti è illusione. Siamo come un topolino in gabbia che continua a correre sulla ruota che gira. Più il topo si sforza di arrivare da qualche parte, più resta fermo allo stesso posto. Non vi è alcun luogo da raggiungere. *"Ma se non faccio qualcosa della mia vita, cosa mi accadrà? Sarà uno sfacelo e allora che ne sarà di me? Dipende tutto da me. Se non sono io a prendermi cura di me stesso, chi altri lo farà?"*. È a causa di questi pensieri ansiosi che continuiamo a correre sulla ruota.

In ogni situazione restate semplicemente presenti al centro di ciò che avviene senza perdere il vostro equilibrio. Consentite a qualunque cosa si manifesti di manifestarsi, avendo fiducia che passerà. In questo modo si lavora con gli insegnamenti del Buddha.

Ciò che è dormiente non è la presenza della mente, bensì il contenuto della mente. Quando ci spunta in mente un pensiero e noi gli crediamo, chi è colui che ci crede? Se osservate voi stessi, iniziate a notare che un pensiero crede a un pensiero, che a un pensiero segue un altro pensiero, seguito da un altro pensiero, e così via. Questo è il samsara. Siete catturati dai pensieri e i pensieri vi catturano in un gioco senza fine.

L'arte del vivere sta tutta nel mollare la presa e rilassarsi, nel lasciare andare nel presente senza tempo.

La compassione è risvegliarsi all'attualità della nostra connessione con gli altri. Essa è da sempre già qui, presente prima ancora che ne siamo consapevoli. La qualità della compassione è la connettività.

Noi siamo a un incrocio che da un lato conduce le cose buone verso di noi e dall'altro allontana da noi quelle cattive. Il traffico è intenso, i fumi di scarico abbondano, e la paga di un vigile urbano lascia a desiderare.

La vostra energia è l'unico luogo in cui potete perdervi. L'energia della mente nella ricchezza della sua espressione è talmente accecante da farci dimenticare che pure noi siamo la base di quella manifestazione.

Nella nostra vita c'è continuità, ma è la continuità del cambiamento. Da quando eravamo bambini tutto è cambiato nella nostra vita. I nostri pensieri e sentimenti sono cambiati molto spesso, le forme dei nostri corpi sono cambiate, le attività che svolgiamo sono cambiate. Cos'è allora la continuità della nostra identità? È un sensazione del tipo *"Eccomi qua"*, ma eccomi qua come che cosa? Come *"questo"* al mattino e *"quello"* al pomeriggio? Il contenuto di *"ciò che sono"* e di *"come sono"* cambia incessantemente. Saggezza è riconoscere la qualità vuota di tutto, compresi noi stessi, perché ci affranca da false attribuzioni e ci permette di sperimentare ciò che avviene senza rifiuti, fusioni, attaccamenti o pregiudizi. Compassione è fare esperienza delle forme come inseparabili dalla vacuità, poiché vediamo che gli esseri senzienti scambiano erroneamente per entità sostanziali le forme illusorie, e così facendo generano molta sofferenza per sé e per gli altri.

Noi non guardiamo il mondo come fa una macchina fotografica quando riprende un'immagine. Noi osserviamo il mondo attraverso i nostri valori, le nostre credenze e le nostre supposizioni, le nostre simpatie e antipatie, i nostri plausi e dissensi. Qualcosa può essere molto attraente per alcuni e non molto attraente per altri. Non diciamo semplicemente: *"Mi piace questo formaggio."*, il che indicherebbe il nostro rapporto col formaggio, diciamo invece: *"Questo è davvero un buon formaggio."*, dimodoché la *"bontà"* sembra essere inerente all'oggetto. Tuttavia per qualcun altro potrebbe essere un formaggio molto *"cattivo"*. La nostra *"verità"* è solamente un'opinione, soltanto il punto di vista da qui.

La radice di chi siamo è la consapevolezza inseparabile dalla vacuità, e questa vacuità è la base del flusso incessante della nostra esperienza. Se ci stabiliamo in questa consapevolezza, scopriremo che è più affidabile di qualunque amico. Ogni volta che la cerchiamo la nostra mente è lì, eppure non la incontreremo mai sotto forma di entità dotata di sostanza. Le amicizie si fanno e cambiano. Se i vostri amici non cambiassero, la loro vita sarebbe molto limitata – ma sono proprio i cambiamenti che modificano la loro disponibilità. Come diceva il Buddha: *"Gli amici diventano nemici e i nemici diventano amici."*. Possiamo trascorrere la vita raccontandoci storie su come è il mondo in modo da farlo apparire un luogo sicuro, ma questo significa semplicemente cadere addormentati nell'illusione. L'unico rifugio immutabile è il nostro stesso vero potenziale di buddha.

Rilassatevi nella vostra base, la perfezione intrinseca della vostra presenza. Fate esperienza della sua sconfinata illimitatezza e rendetevi conto direttamente che è la base, la sorgente e il campo dell'intera esperienza. Questa è la vostra casa. Quindi perché non rilassarsi e godersela?

Una delle funzioni della comprensione e della pratica buddhista è iniziare a vedere il bozzolo di congetture entro il quale viviamo. Più comprendiamo la natura del bozzolo, e che siamo stati noi stessi a farlo, più ce ne liberiamo. In tal modo ci trasformiamo da piccolo bruco in adorabile farfalla. Che meraviglia!

Se guardo di fronte a me posso vedere un'altra persona, ma non posso vedere la mia forma con molta chiarezza. Posso chinarmi e guardare sotto il mento dell'altra persona, ma anche se praticassi yoga per cinquant'anni non sarei mai in grado di guardare sotto il mio mento. Il che significa che gli altri sono più visibili a noi di quanto lo siamo noi a noi stessi. Analogamente, loro ci vedono più chiaramente di quanto non facciamo noi. In effetti abbiamo bisogno degli altri per poter vedere noi stessi, per vedere come siamo e cosa stiamo facendo. Il sangha è il campo della collaborazione nel quale siamo tutti impegnati ad apprendere.

Non siamo una cosa fissa. Non siamo un sé coerente. Ciò che riteniamo essere noi stessi è un aspetto del flusso dell'esperienza in cui ci imbattiamo. Inclinazioni, tratti e ricordi si muovono assieme creando molteplici figurazioni come danzatori sul palcoscenico. I diversi aspetti di noi sono energie che si muovono sullo sfondo come un corpo di ballo, poi improvvisamente uno di loro decide di essere la prima ballerina, esce dal gruppo e occupa il centro del palcoscenico. Ottima cosa se lo fa al momento giusto, ma l'étoile deve essere capace di riunirsi al corpo di ballo. Quando un elemento del nostro potenziale diviene una étoile permanente, noi rimaniamo sbilanciati.

Se adottiamo l'analogia secondo cui la nostra mente è come una scultura, allora ognuno dei nove yana o veicoli funziona come un diverso angolo di illuminazione della scultura. A seconda del vostro punto di osservazione la scultura vi rivela un aspetto particolare che, nell'istante in cui guardate, sembra esprimere la sua verità. Potete camminare intorno a lei e osservarla da ciascuno dei nove punti di osservazione, ottenendo da ognuno di essi una visione specifica, nessuna delle quali è migliore o peggiore di un'altra. Nella pratica meditativa siamo noi la scultura, al contempo semplice e complessa. È utile non arrestarsi a un unico modo di vedere. Tuttavia dovremmo evitare confronti e contrapposizioni e dedicarci completamente alla nostra visione del momento, qualunque essa sia.

I pensieri sono come i politici. I politici dicono sempre: *"Fidati di me, dico la verità, lavorerò per il tuo bene."*. State in guardia da questi politici interni. Osservate semplicemente come i pensieri sorgano e svaniscano. Proprio come i politici che dicono tante belle cose prima delle elezioni per poi non combinare un granché, anche i pensieri sembrano molto seducenti quando spuntano, ma poi eccoli dileguati.

Il Buddhismo offre i modi per risvegliarci dal nostro sogno di concretezza. Ciò non significa che ci lasciamo alle spalle la percezione che le cose siano fortemente reali per entrare in un semplice nulla. Piuttosto cessiamo di investire eccessivamente nel momento fuggevole e restiamo presenti e aperti. Quindi, attimo per attimo, possiamo sperimentare il mondo direttamente come il gioco della nostra mente.

Se pensate di *"aver capito"*, vi state infilando il Buddha nel taschino per tenerlo al sicuro, ma in seguito, quando ci guardate dentro, trovate solo una mela marcia. Cambierà e marcirà tutto ciò che viene trasformato in una *"cosa"*. Il miglior modo di impiegare il Dharma non è quello di prenderlo troppo sul serio, ma di usarlo attivamente per ammorbidire le proprie rigide credenze.

Ognuno di noi deve decidere se continuare a costruire la propria identità sulla base di concetti limitati, oppure aprirsi agli insegnamenti ed esplorare direttamente chi siamo. I concetti limitanti possono essere rassicuranti nella loro familiarità, eppure riducono la nostra disponibilità nei confronti dell'ospitalità ininterrotta della nostra natura non nata. Osservate in quanti piccoli mondi avete già investito il vostro tempo e la vostra energia. Rammentate come sono tutti svaniti. Il vostro vero amico e alleato non è distante. In effetti, se smettete di darvi tanto da fare e di cercare così intensamente, scoprirete che ciò di cui avete bisogno è già qui.

Non allontanarsi dagli eventi e nemmeno avvicinarsi a loro, ma rimanere semplicemente presenti con tutto ciò che accade nel momento in cui accade.

Nella meditazione più riusciamo a lasciare andare meglio è, mentre nel mondo più riusciamo ad accumulare meglio è. Ciò non significa che dovete praticare la rinuncia ai fenomeni esterni.

Piuttosto, continuando a rilassarvi nell'apertura, vi sarà dato vedere la natura dinamica e transitoria delle forme illusorie, sia del soggetto sia dell'oggetto. In tal modo possiamo partecipare liberamente al dispiegarsi della matrice del mondo senza troppe speranze e paure.

A un livello ordinario la nostra vita procede secondo la freccia del tempo e sulla base di causa ed effetto, mentre i sentieri dell'esperienza ci conducono nel cuore del tempo, un attimo infinito che non ha né inizio né fine.

Siamo addormentati nel sogno della dualità. L'esistenza della non dualità permane anche mentre siamo addormentati e sogniamo una varietà di cose. La percezione di essere un sé separato è una formazione onirica che svanisce appena ci svegliamo. Il nostro potenziale di buddha è fuori del tempo, non è condizionato da nessuno degli eventi che hanno luogo nel tempo, perché il tempo lineare è sempre un tempo di sogno.

Lo spazio è aperto e immobile, anche quando i venti lo attraversano. Lo stesso avviene nello specchio aperto, dove i riflessi vanno e vengono, eppure lo specchio non si muove. Il nostro potenziale di buddha è come lo spazio. Non è qualcosa di nascosto dentro di noi. Non è qualcosa da scoprire nel futuro quando saremo pronti. Non è qualcosa che avevamo nel passato e poi abbiamo perso. È semplicemente la base dell'esperienza attimo per attimo, l'esperienza come manifestazione non duale del sé e del campo.

Nello dzogchen nulla può sciupare la meditazione tranne che essere altrove.

Si procede così: permettere a qualunque cosa si manifesti di venire e di andare, e allo stesso tempo rimanere rilassati e aperti come consapevolezza spaziosa libera dalla reificazione di essenza e definizione.

Più la meditazione va in profondità, più ci sperimentiamo amorfi e infiniti. Ciò libera la nostra energia giocosa. Con la chiarezza accresciuta, vediamo le situazioni con maggiore facilità. Allora è importante essere precisi e attenti in tutto ciò che facciamo, armoniosi, sintonizzati, teneri e con un tocco leggero.

Riconoscete che sin dai primordi il nostro essere è puro. Io non sono una cosa, non sono una entità. Il come io sono non si può afferrare, come il cielo. Questa sconfinata apertura dà origine a tutti i fenomeni. Quando dimoriamo nell'apertura che consente ai fenomeni di manifestarsi e scomparire, le scomposte folate dell'ego gradualmente si dissolvono e subentrano la chiarezza e la spaziosità. Dalla chiarezza e dalla spaziosità scaturisce una profonda soddisfazione, un appagamento che significa non aver bisogno di muoversi e di darsi da fare. Basta semplicemente sedere quieti e non essere così affamati di esperienza.

Essere vivi è un fatto molto individuale. Non siamo omogenei, non siamo cloni gli uni degli altri. Rispettare la specificità unica degli altri è molto importante nello dzogchen. Non stiamo cercando di controllare gli altri e di farli diventare come vogliamo che siano. Piuttosto sperimentiamo il loro vibrante configurarsi sempre mutevole come un incoraggiamento a rilassarci nel flusso e come parte di esso.

Lo dzogchen non è particolarmente interessato a mettere ordine nella vostra vita. Che siate seri o sconsiderati, che la vostra vita sia stabile o folle, che siate ricchi o poveri, nulla di tutto ciò condiziona la relazione con la base. Tutto sgorga dalla base. Ogni cosa ha la stessa qualità o, per dirla nel linguaggio del mahamudra, ogni cosa ha un solo sapore, quello della vacuità. Potete rilassarvi e lasciare che la vostra vita si manifesti secondo le circostanze.

Nel buddhismo come in tutte le religioni i sogni di potere hanno condotto allo sbando molte persone. Il potere può essere pericoloso. Siccome il fondamento del potere è vacuità, se abbiamo un'autentica intenzione compassionevole il potere può essere utile. Ma è molto facile innamorarsi del potere e lasciare che il suo impeto ci trascini. Dovremmo pertanto chiederci ripetutamente: *"Qual è la nostra motivazione nel fare la pratica?"*, *"Qual è la nostra motivazione quando interagiamo con gli altri?"*.

La nostra esistenza ha una duplice struttura: l'ospitante e l'ospite. Gli ospiti vanno e vengono, l'ospitante è sempre lì. L'ospitante non può essere né catturato né definito. È possibile incontrare di sfuggita gli ospiti, ma non afferrarli. Sappiamo tutti come ci si sente quando siamo tristi e soli, quando siamo allegri, quando siamo pieni di energia e smaniosi di lavorare. Possiamo conoscere ciascuno di questi stati mentali fuggevoli, perché hanno una forma particolare, ma colui che accoglie e illumina questi ospiti di passaggio non ha una forma o una sagoma che possa essere afferrata. L'ineffabile e sconfinato ospitante non ha nulla da perdere o da guadagnare dai suoi ospiti, pertanto è uguale e accogliente con tutti.

Il movimento è l'energia della quiete. La quiete e il movimento sono non duali. Non sono in opposizione e non sono nemici. Nessuno dei due cerca di bloccare, inibire o distruggere l'altro. Ciò che è quieto, spazioso e aperto è di fatto inseparabile da tutto il movimento che scaturisce da esso e in esso.

Noi non siamo i proprietari del nostro essere aperto, piuttosto ne siamo i figli. La sfera dell'io, me, me stesso è un fenomeno energetico. Non è un problema da risolvere né qualcosa da eliminare. Tuttavia le configurazioni energetiche dell'io devono mettersi comode e abbandonarsi all'abbraccio sicuro della loro madre. La madre è lo spazio. La verità della nostra consapevolezza, la base della nostra esistenza è aperta spaziosità senza angoli o bordi. Senza inizio né fine la nostra madre è sempre qui, aperta e disponibile. Per quanto soli e persi ci possiamo spesso sentire, di fatto non abbiamo mai abbandonato il suo grembo accogliente.

Potete rinunciare ai fenomeni esteriori. Potete rinunciare alla vostra casa, ai vostri soldi. Potete farvi monaco o monaca. Tuttavia il cuore della rinuncia per chi medita è rinunciare a credere che il significato dell'esistenza debba essere trovato nei concetti.

Ciò che abbiamo è un cammino di disponibilità aperta, il che equivale all'essere disposti a non conoscere in anticipo i prossimi eventi. Non si tratta di sostituire a un sistema di credenze un altro sistema di credenze, né di farsi buddhista. Si tratta di imparare a guardare con chiarezza e semplicità ciò che sta avvenendo qui e ora.

Molte delle difficoltà che si incontrano nella pratica del dharma insorgono perché chiediamo all'io di fare cose che non può fare. La mente e il contenuto della mente non sono la stessa cosa. L'ego è un contenuto della mente. Il contenuto non può fare ciò che può fare la mente. Il contenuto della mente è sempre più piccolo della mente stessa. Sarebbe sciocco chiedere a venti persone di sedersi su un'unica sedia. È sciocco chiedere all'ego di smettere di afferrare. Anziché perdere tempo cercando di trascendere i limiti dell'ego, entrate nell'apertura priva di limiti.

Il fondamento della pratica dzogchen consiste nel situarsi nell' intrinseca apertura rilassata della consapevolezza. Questa apertura non è lontana. Non è uno stato dipendente da cause e condizioni come avviene con l'acqua, il cui stato può essere caldo o freddo.

È fondamentale ricordare che l'esistenza non duale travalica il linguaggio. I segni linguistici sono al massimo evocativi, ma non in grado di esprimere davvero il come. La consapevolezza non è mistica o esoterica. È sempre qui ma è celata dalla sua stessa luminosità. La radiosità della vostra mente, che si sprigiona come flusso ininterrotto di pensieri, sensazioni ed espressioni, è una manifestazione talmente abbagliante da rendervi ciechi al vostro stesso essere invisibile.

I pensieri vanno e vengono nella spaziosità della mente. Il linguaggio nasce e se ne va nella spaziosità del silenzio. Pertanto qualunque cosa stiamo facendo o sperimentando è esattamente così com'è, mai esclusa dal campo della manifestazione inseparabile dalla sorgente che tutto integra.

È importante comprendere bene che cosa si intende con il termine *"illusione"* nel buddhismo. Un modo migliore di tradurlo potrebbe forse essere *"inafferrabilità"*. Mentre la nostra vita si dipana istante dopo istante possiamo essere o attenti e partecipi oppure estraniarci in un sogno a occhi aperti. Comunque, sia che stiamo sognando a occhi aperti sia che siamo attenti, nessuno può arrestare il tempo. L'apparente solidità e affidabilità dei fenomeni è un'illusione, poiché sono privi di una sostanza propria duratura. Sia chi afferra sia ciò che è afferrato sono entrambi illusori.

I problemi sono duplici, esistono come eventi e come racconti. In quanto eventi i problemi hanno un inizio, una parte centrale e una fine; in quanto parte di un racconto possono sembrare interminabili. Meno ci lasciamo assorbire dalle narrazioni dell'ego e più siamo freschi rispetto ai fenomeni nell'istante in cui si manifestano. La chiarezza priva di reificazione illumina la nostra attività e tutti i fenomeni sono fulgore che si auto-libera.

La funzione della pratica non ha nulla a che vedere con il farsi buddhista. Non ha importanza che vi chiamiate buddhisti o no. *"Buddhista"* è un nome e noi ne abbiamo già molti. Il punto essenziale è investigare *"Chi è colui che è qui?"*, *"Che fenomeno è questo?"*. È questa la via verso un valore durevole.

Il principe Siddharta rimase turbato dall'incontro con il malato, il vecchio, il morto e il santo. Quando poi osservò la vita nel palazzo in cui abitava, iniziò a rendersi conto che le cose non erano proprio come apparivano. Egli guardava con occhi freschi e fu scosso da ciò che vedeva. Così lasciò il palazzo e trascorse molti anni praticando diversi tipi di meditazione e restrizioni di vario genere, riducendo la quantità di cibo che mangiava, mantenendo certe posture per molto tempo, e così via. Ma trascorsi sei anni trovò che quelle pratiche non producevano cambiamenti sostanziali. Decise che doveva semplicemente rimanere seduto e stare con se stesso. Non si sarebbe mosso fino a quando non si fosse risvegliato alla verità dell'esistenza.

Paradossalmente, facendo nulla ottenne tutto. Fino a quel momento egli si era solo sforzato. Ma ora sedeva semplicemente quieto, inspirando ed espirando. Pensieri e sentimenti nascevano e svanivano, ma lui non ne rimaneva coinvolto. Equanime verso tutto ciò che si manifestava, era in grado di vedere che sia il soggetto sia l'oggetto erano privi di essenza inerente. Questa chiarezza lo rendeva invulnerabile al desiderio e all'avversione e a tutte le altre forze fuorvianti che in precedenza avevano ostacolato il suo cammino. Stare con ciò che è piuttosto che fondersi con i fenomeni o lottare per qualcos'altro è la via di mezzo che aveva scoperto e insegnato.

Molte persone oggi sembrano soffrire di desolazione interiore e di mancanza di senso. Chiaramente questa non è una situazione salubre. Ora, poiché siamo portati a credere che i posti migliori siano lontani e che in fondo siamo immeritevoli, può avere senso impegnarsi in una pratica che ci renderà capaci di muoverci verso qualcosa di meglio. Questo ci darà un senso di scopo. Ma così facendo possiamo mancare di essere presenti alla nostra situazione attuale. L'attenzione a ciò che è arreca una quieta chiarezza, mentre il giudizio su ciò che è ci stimola a cercare senza sosta un effimero qualcosa di meglio altrove.

L'io è fragile. La felicità sfuma in fretta. Abbiamo costruito la nostra casa sulla sabbia. I diversi fattori che continuano a darci il senso di chi siamo non si combinano insieme tanto facilmente. Il solo esclamare: "Io esisto, io esisto" in realtà non ci dà alcuna certezza. Rincorrere l'esperienza ci porta fuori strada. Chi è colui che è consapevole del pensiero, del sentimento, della sensazione? Questa indagine rivela l'intrinseca purezza e chiarezza della mente.

Questo mondo è privo di senso, siamo noi ad attribuirglielo. I significati che sembrano esistere là fuori sono tutti proiettati. Piuttosto che esplorare i significati che crediamo incorporati nel mondo, faremmo meglio a indagare la loro vera fonte.

Non chiedete ai pensieri di fare ciò che non sono in grado di fare. I pensieri sono fragili, non vivono molto a lungo e non possono fare molto. Per quanto non vi sia fine al pensare, i pensieri non stabiliscono mai niente di affidabile. Noi però li usiamo per costruire il mondo intero. Ogni giorno siamo impegnati a innalzare il grande edificio del samsara con i nostri pensieri. I pensieri sono molto giovani, a loro piace giocare, quindi lasciate che giochino. Il punto è, non chiedete loro di rivelarvi il significato dell'esistenza. Non lo possono fare. Non chiedete loro di fare ciò che non sono in grado di fare.

Quando la vita è dura, è difficile credere che il risveglio sia facile.

Il tantra è un cammino di azione, e uno dei suoi punti di forza è che ci assegna qualcosa da fare. Vi sono mudra da formare con le mani, un dorje e una campana da tenere in mano, strumenti da suonare, testi da recitare e molte immagini da visualizzare. La bellezza e l'abile organizzazione di questi tipi di movimento richiedono una concentrazione di attenzione tale da occupare ogni aspetto della nostra mente e non dare adito alla distrazione. Nel tantra lavorate con l'energia, con la trasformazione dell'esperienza di quanto accade.

Nello dzogchen tuttavia ci si preoccupa solo di rilassarsi nella purezza intrinseca della presenza aperta, lasciando che l'energia si esprima liberamente.

Nella pratica tantrica la visione guida è che sin dai primordi nulla sia veramente esistito. Le immagini visualizzate affiorano istante dopo istante. Sono immagini trasparenti, giocose e fondamentalmente incantevoli, ma se le afferrate nel modo sbagliato si trasformano in oggetti affilati e scottanti che vi taglieranno e vi ustioneranno. Si tratta di capire come va preso il mondo e come avere un tocco leggero.

Il termine *"origine co-dipendente"* si riferisce alla co-emergenza di tutti i fattori del campo. Ogni fenomeno emergente è legato a ogni altro fenomeno emergente, ed essi si influenzano a vicenda. Perciò il *"come sono io"* è suscitato dal *"come sei tu"*. Chi sono non è definito da qualcosa che si trova dentro di me, è invece la superficie scintillante, l'interfaccia tra il soggetto e l'oggetto. Noi emergiamo in interazione, e il fondamento di entrambi il soggetto e l'oggetto è inafferrabile, al di là del pensiero, della parola e dell'espressione. Più che andare alla ricerca di un'essenza immaginaria, la nostra pratica consiste nell'essere presenti all'immediatezza di come noi e il nostro mondo appariamo in questo istante.

Possiamo avere tutto

Noi aspiriamo alla felicità,
All'appagamento, alla tranquillità.
Non trovando tutto ciò, cerchiamo
Stimoli, cambiamento, eccitazione.

Il coinvolgimento attivo
Genera il senso del sé e
Il sé è sostenuto
Dal coinvolgimento attivo.

Non c'è bisogno di più attività
E non occorre interromperla.
L'attività avviene, innegabilmente e costantemente –
Allora chi è colui che agisce?

Senza fonderti, senza osservare
Rimani presente là dove avviene l'attività.
L'azione passa,
L'attore si dissolve.

Senza guardare avanti o indietro
Sii presente ora e qui, dove la vita accade.
La vita scorre, il momento se ne va,
La presenza inafferrabile è immutabile.

La vita continua, ancora e ancora
Speranze e paure, su e giù
Onda su onda, eppure
La profondità e lo spazio sono impassibili.

Quiete e appagamento
Moto e variazione
Non duale, senza contrasto
Né guadagno né perdita; completezza.

Quando ci rendiamo veramente conto che tutto passa, ci destiamo al fatto che il momento evanescente può essere solo goduto, non afferrato. Non esiste un sacchetto con gli avanzi per l'esperienza, non ci portiamo via nulla. Il nostro karma, che configura ciò che ci costituisce, potrebbe venire con noi, ma tutto si libera se lasciamo andare il perno dell'identificazione e dell'appropriazione. La funzione principale della meditazione nello dzogchen è semplicemente lasciare andare, lasciare andare e lasciare andare. Il punto centrale è la distensione, non lo sforzo.

Lo dzogchen è primordiale. Non ha una storia, eppure esistono storie sull'origine di questi insegnamenti. Lo dzogchen è intrinseco a tutti gli esseri – ma è necessaria la trasmissione per risvegliarsi ad esso. Non è un sistema inventato, è invece la presenza che era, è e sarà sempre qui. Possono avervi accesso tutti gli esseri viventi, in tutti i luoghi e in tutti i tempi, giacché lo dzogchen è la loro stessa vera presenza.

Il nostro corpo non è una cosa, bensì un grande fiume di cambiamento. Lo stesso vale per le sensazioni, i sentimenti e i pensieri. Non appena iniziamo a sperimentare il moto incessante dell'esperienza, comprendiamo che all'interno di esso non c'è nulla cui aggrapparsi. Eppure non ci smarriamo, perché il fondamento del movimento è completamente fermo e sempre precisamente qui e ora.

Il movimento non è mai fermo. Non puoi farlo stare fermo. L'unica cosa ferma è la presenza della consapevolezza, il nostro vero essere immutabile.

P ossiamo raccontare storie chiuse o aperte. Abbiamo a disposizione la storia della persona esperta e quella della persona patetica. La migliore, tuttavia, è la storia che raccontiamo insieme con gli altri, una storia che viene lasciata emergere come una conversazione che ci consente di scoprire che siamo sempre freschi.

È stando con voi che trovo me stesso. Non è dentro di me che trovo me stesso, è attraverso lo stare con voi che vengo rivelato. Vengo rivelato adesso come colui che sta con voi. Non vengo rivelato come vero me, perché non esiste un *"vero me"*. Quanti più aspetti di voi mi mostrate, tanti più aspetti di me verranno mostrati a voi e a me.

Q uanto più sono rilassato e aperto, tanto più è facile avere il senso di tutti voi che oggi siete qui con me. Avendo il senso di voi tutti, vi posso parlare. Il fondamento del nostro venire alla luce con l'altro non è una formula fissa tratta da un libro. Non è una cosa che abbiamo dentro, ma è l'allentarsi delle nostre difese e l'attenuarsi dell'intensità della nostra definizione di noi stessi. In questo modo iniziamo ad assuefarci alla capacità negativa di non sapere. Questo profondo non sapere è di per sé la porta per la saggezza. Non sapere ci dà accesso al sapere che è presente prima del pensiero, non dipende dal pensare e non si fonda sull'espellere o il rifiutare i pensieri. Piuttosto, a ogni pensiero, sentimento o espressione è consentito comparire e poi passare senza la reificazione e il giudizio insiti nella posizione dualistica.

CONTARE SULLE PAROLE

Contare sulle parole non può condurci al risveglio

Mentre rilassarsi e lasciare andare tutto quanto abbiamo accumulato

Rivela immediatamente la presenza non duale.

Quando cominciamo a essere irrequieti e parlare con gli altri

Sono molte le insidie che ci spingono a contare sui concetti.

Non cercare di essere chiaro, rilassati soltanto.

Non ti occorre fare sforzi

Rimani semplicemente aperto.

Il sole irradia costantemente luce priva di sostanza.

La base pura dell'essere regala all'infinito momenti che si liberano da sé.

Quando sediamo in meditazione e si presenta un pensiero, non è che abbiamo una porta d'ingresso col campanello; il pensiero è già nella nostra mente. Non abbiamo scelta, è qui. Analogamente, di fronte a un pensiero noi non ci soffermiamo a considerare: *"Oh, è interessante questo pensiero?"*. Siamo già penetrati e ci siamo fusi con il pensiero come se fossimo il pensatore che lo ha generato. Apparentemente, senza sforzo alcuno, noi siamo in tutto ciò che si manifesta e poi non lo siamo più. Non esistono porte di entrata o di uscita palesi. La mente è aperta e vuota; le forme del soggetto e dell'oggetto co-emergono e poi svaniscono in un gioco perenne.

Se attraversate un brutto momento potreste stare male, tuttavia i brutti momenti non definiscono chi siete veramente. Se uscite un poco di senno per qualche tempo, se qualcuno vi tratta male, se vi sentite distrutti o inutili, tutti questi sono episodi transitori nel flusso della vostra esperienza. Se riuscite a rilassarvi e stare con ciò che avviene, vedrete che tutto passa. Non siamo il contenuto della nostra mente, eppure siamo inseparabili da esso. Il contenuto della nostra mente è esperienza, la nostra esperienza – tuttavia nessuna esperienza può stabilire in modo assoluto e definitivo chi noi siamo e qual è il nostro valore.

Noi siamo qui, vivi – quindi siate semplicemente presenti all'immediatezza della consapevolezza che è il nostro fondamento aperto, la base sempre presente di tutta la nostra esperienza. Semplicemente siate consapevoli, siate presenti al flusso, con il flusso e come il flusso dell'esperienza. Osservate come ciascun istante sia un segno nello spazio e nel tempo e insieme sia espressione o rivelazione della presenza inafferrabile. Il nostro potenziale aperto manifesta molte forme, come il sé e l'altro, però nessuna apparenza può definire questo potenziale o predire come si dispiegherà.

La nostra vita si rivela attraverso lo stare con gli altri. Quando facciamo il gesto di accogliere gli altri, la nostra vita ci raggiunge, ci viene data. A volte siamo felici e a volte siamo tristi, ma in entrambi i casi l'umore è una rivelazione, una manifestazione transitoria. L'esperienza non è qualcosa cui ci si possa aggrappare. È proprio questo il cuore dell'insegnamento dzogchen. Non ci sono cose, ci sono solo momenti di esperienza inafferrabile scaturenti nel campo aperto della consapevolezza non nata. Quanto più comprendiamo che siamo già sempre e comunque integrati nella spaziosità aperta, tanto più ogni momento va bene così com'è.

Aprirsi e vedere cosa c'è è la più autentica forma di fenomenologia. Significa permettere al mondo di essere ciò che è, e a noi stessi di essere come siamo. Potremmo dire che questa è la base di una profonda non violenza. Per quanto il desiderio di evolverci e di accrescere le nostre buone qualità possa sembrare una bella intenzione, di fatto è un oscuramento limitante. Perché ogni volta che abbiamo un'idea su chi dovremmo essere e cerchiamo di trasformarci in quell'idea, ciò che stiamo effettivamente facendo è agire con violenza verso come siamo adesso. Ci diciamo: *"Non sono abbastanza buono, dovrei essere diverso, sarebbe meglio se fossi qualcun altro.".* In tal modo la nostra speranza di migliorare incomincia con un attacco a noi stessi o col cercare di trasformarci senza nemmeno vedere lo stato effettivo di colui che vogliamo trasformare. L'ostilità di questo atteggiamento rinforza la nostra struttura dualistica: *"Prendo posizione contro di me per ricrearmi in modo tale da ottenere più approvazione dagli altri e da me stesso."*. Scopriremo sempre nuove idee su chi dovremmo essere. Pertanto ciò che conta è rilassarsi e aprirsi e essere presenti con noi stessi così come siamo.

Osservare noi stessi è sempre più difficile di quanto possiamo immaginare. Questo perché ci inganniamo, perché in realtà non vogliamo conoscerci per come siamo. Spesso vogliamo apparire più carini di quel che siamo; abbiamo un'immagine di noi stessi che cerchiamo di proteggere. Non sarà facile imparare a osservarci con obiettività se ci odiamo o ci idealizziamo. L'immagine di sé che scaturisce dal giudizio ci fornisce qualcosa da mantenere, sia essa positiva o negativa. Tuttavia la nostra mente ha un grande potenziale e in lei ha origine una considerevole varietà di pensieri e sentimenti – non solo quelli che preferiamo o sui quali abbiamo finito per fare affidamento. Lasciate che la mente esibisca tutto ciò che vuole e sarete piacevolmente sorpresi. Voi siete la vostra mente, la vostra consapevolezza, e tutti i pensieri che sembrano definirvi sono passeggeri.

Le nostre supposizioni e interpretazioni si propongono come se fossero loro le padrone della nostra esistenza. Il servo è divenuto il padrone e il padrone è stato dimenticato. Il vero padrone o la vera padrona di casa è la nostra essenza di buddha, il nostro fresco potenziale aperto, presente attimo per attimo. Pensieri, sentimenti e sensazioni sono il servo. Questi fenomeni sono fonti di informazione e percorsi di manifestazione, ma non dovrebbero starsene assisi sul trono centrale.

La radice della nostra pratica è essere gentili con noi stessi, perché attraverso questa tenera intimità troviamo la nostra aperta disponibilità e siamo gentili con gli altri. Gentilezza non significa essere indulgenti ma nemmeno duri con se stessi. La durezza non è molto utile. È improbabile che giudicare o criticare ci liberino o rivelino la nostra amabile gentilezza.

La tenerezza è molto importante per la pratica. Fuori nel grande mondo c'è abbastanza violenza e anche noi siamo spesso critici e violenti nei nostri confronti. Occorre riconoscere con onestà errori, sbagli e confusioni e affrontarli in modo efficace, ma non vanno assunti come definitivi.

Gli insegnamenti buddhisti dicono che tutto è illusione. Che cosa significa? Consideriamo la tazza che tengo in mano. La percezione che qui ci sia una tazza che esiste in sé stessa con tutte le sue intrinseche qualità e possibilità è un'illusione. "Illusione" significa scordare che soggetto e oggetto nascono sempre assieme. La "tazzeità" della tazza non risiede nella tazza. Esiste nella nostra mente. Sono i nostri pensieri a conferire individualità e realtà sostanziale a questa apparenza.

I nostri pensieri fanno sembrare reale la tazza, essi confermano l'illusione che la tazza esista di per sé stessa. Quanto sono forti e affidabili questi pensieri? Cercate di catturarne uno e controllate se è fatto di acciaio.

Ciò che viene viene. Questo sembra condurci a un bivio: da un lato cerco di migliorare l'oggetto e lavorare duramente, dall'altro mi concentro su chi è colui che sta avendo l'esperienza. Però lo dzogchen è l'integrazione dello spazio degli accadimenti, è la chiarezza che illumina gli accadimenti e l'energia sempre cangiante che assume la forma si conforma agli accadimenti. La presenza non duale non ha scelte da fare.

Ciò che conta è essere presenti con tutto ciò che accade. Tutto qui. Null'altro.

Ogni momento del nostro stare qui insieme svanisce con la stessa rapidità con cui compare. Possiamo tracciare una storia che sottolinei la continuità del tempo trascorso insieme, ma tutti i momenti della storia svaniscono anche se vengono narrati o scritti. Questa transitorietà inafferrabile non è un errore o una punizione. In effetti è la spontanea auto-liberazione di tutti i fenomeni. Tutto appare, eppure nulla resta.

Il momento per osservare con concentrazione la mente va colto durante gli stadi iniziali della pratica meditativa. L'osservazione ci permette di vedere attraverso tutto ciò che oscura la presenza. Noi pratichiamo assestandoci nella presenza aperta. Quando portiamo alla luce la nostra presenza nel mondo con gli altri, è il momento di partecipare, di essere parte del mondo, così come siamo. Noi siamo già nel mondo. Questo è il nostro mondo e se siamo presenti in esso senza esitazioni o riserve, fluiamo come parte del suo dispiegarsi. Siamo qui, qualcosa va fatto e noi ci scopriamo a farlo. La vita è più semplice se non ti poni fuori da essa e non devi affidarti ai concetti per decidere il da farsi.

Meno siamo auto-referenziali e più scopriremo che qualità come la generosità e la pazienza sono naturalmente presenti e desidereremo usarle per il beneficio di tutti. Recidere la radice della fissazione egoica permette a tutte le buone qualità di manifestarsi.

Essere buddhisti è un altro tipo di illusione. Non potete *"essere"* veramente buddhisti, sebbene possiate essere buddha. Potete *"fare"* buddhismo. Potete fare ciò che fanno i buddhisti: riempire le lampade di burro, eseguire prostrazioni, indossare una tunica e dedicarvi a molte attività svolte dai *"buddhisti"*. Il buddhismo è una grande fabbrica di attività. Tuttavia, non importa quanto siate bravi come buddhisti, questo di per sé non vi illuminerà. Proprio come, a prescindere da quanto sia bello il riflesso nello specchio, il riflesso non diventa lo specchio. Per addentrarvi nell'apertura dello specchio, siate lo specchio. Per penetrare la mente del buddha, siate buddha – non *"buddhisti"*.

Qualsiasi forma noi vediamo è priva di definizione intrinseca: le definizioni che diamo sono estrinseche, contingenti e contestuali. L'apparente „*coseità*" delle cose è fornita dall'attività di reificazione della nostra mente. La nostra mente pone la „*coseità*" nelle cose, e reprimere questo fatto significa trattare le „*cose*" come se godessero di esistenza propria. Queste „*cose*" vengono definite dall'esterno dai pensieri che noi rivolgiamo loro. Tutte le definizioni sono proiezioni che mascherano la vuotezza intrinseca di tutti i fenomeni. Prive di inerente essenza propria, le manifestazioni sono di fatto vuote come arcobaleni nel cielo.

Diventando nulla ottenete accesso al tutto. Nulla non significa annientamento nichilistico. Diventare nulla fa sì che la piccola preoccupazione per voi stessi si dissolva, permettendovi di risvegliarvi al fatto della vostra partecipazione al tutto. Quando non siamo fissi e determinati, vi è una agevole spontaneità nel flusso del divenire.

La verità della sofferenza

Non perderti in fantasie su come credi sia la tua vita.
Permetti a te stesso di riconoscere le tue credenze di fondo.
Inizia a percepire l'ansietà al loro centro.
Un cuore di ansietà.

La radice di tutta la nostra sofferenza giace qui -
L'attaccamento a un'immagine di irraggiungibile stabilità.
Mancando di continuo una meta impossibile,
Siamo noi stessi a tormentarci.

L'ignoranza è la radice dell'attaccamento.
Tu ignori e quindi scordi del tutto il tuo fondamento, il tuo essere.
Non sapendo chi sei divieni ansioso.
Per proteggerti dalla verità che il tuo io è illusione
Ti attacchi a una varietà di affermazioni, credenze e ipotesi
Come se quei corpi estranei potessero convalidare te stesso.

Tutto ciò è personale perché accade a te.
È la tua storia soltanto – e in questa verità sei solo.
Eppure la struttura non è personale.
Questa struttura, la struttura del tuo essere te,
È la consueta struttura del samsara.

L'ignoranza causa l'attaccamento
L'attaccamento causa un agire confuso
L'agire confuso causa la sofferenza.
La tua sofferenza non è una punizione.
Non significa che sei personalmente,
Profondamente, intrinsecamente cattivo.

Metti il dito sulla fiamma di una candela e ti scotterai
Provando un vivo dolore.
L'attaccamento è il nostro ripetuto tornare alla fiamma della candela
Nella speranza che questa volta
Sarà piacevole.

Come noi osserviamo con tristezza
La povera falena che torna instancabile
A bruciarsi fino a morire
Così il Buddha guarda giù
E osserva gli esseri umani che instancabili
Tornano a volare con disperato struggimento
Verso l'ardente illusione che li consumerà.

Non è attraverso lo studio che potete risvegliarvi al potenziale di buddha, in quanto non trae origine da idee filosofiche sofisticate. E nemmeno si tratta di sviluppare un insieme di esperienze su cui costruire, quanto piuttosto di consentire a ciò che è qui di palesarsi, il che avviene quando diventiamo aperti e disponibili a ricevere ciò che è sempre stato presente. È la nostra stessa famelica attività alla continua ricerca di ciò che manca a costituire la forza che blocca la via al risveglio. Lasciare andare è curiosamente più promettente che costruire con fatica.

I pensieri viaggiano ma la mente non si sposta mai. La chiarezza fondamentale della mente non si sposta, non cambia e non va da nessuna parte. Quale pace e quale serenità. Gran parte del nostro sforzo è superfluo.

Quando l'attaccamento ai nostri concetti abituali si allenta, scopriamo che nella nostra vita si è fatto più spazio. La consapevolezza, essendo intrinsecamente aperta, rimane disponibile verso tutto ciò che accade, di modo che sia il soggetto che l'oggetto si rivelano privi di una essenza fissa e definita.

Se perseguiamo la felicità mettendo ordine in noi stessi, diventando persone migliori, sciogliendo tutti i nodi e le difficoltà che ci rendono ottusi ed egoisti, operiamo all'interno di un paradigma che recita: *"Io sono un costrutto che può, con sforzo, essere ricostruito per assumere la giusta forma."*. Ma chi sa e stabilisce quale sia la *"giusta forma"*? Migliorare sé stessi è un processo senza fine, dato che il grande muta-forma è il nostro sé vuoto.

La presenza significa vivere la nostra complessità non duale piuttosto che cercare di semplificare la nostra energia riducendoci a un fenomeno fisso e affidabile. Ci apriamo all'immensità della nostra presenza, alla spaziosità del nostro essere-fondamento, sufficientemente ampio e profondo da offrire accoglienza e spazio a qualsiasi tipo di esperienza possa proporsi. Lo spazio della consapevolezza è lo spazio di cui ciascun istante dispone per essere come esso è, mentre lo spazio dell'ego, essendo limitato e limitante, distorce ogni istante, piegandolo ai suoi propri fini.

La qualità particolare della pratica dzogchen è che niente deve cambiare nella vostra vita. Lo dzogchen non vi dice di cambiare il comportamento o le convinzioni. Al contrario, noi osserviamo il nostro comportamento per scoprire qual è il suo scopo e se è effettivamente necessario. Noi osserviamo le nostre convinzioni per vedere se sono veramente affidabili come le avevamo credute. Nello dzogchen non si tratta di credere di più o diversamente. Esso si concentra sullo spostamento dalla *"fede in"* alla *"esperienza diretta di"*.

Il più grande errore che possiamo fare nella meditazione è confondere il contenuto della mente con la mente stessa.

Possiamo sempre ingannarci immaginando di essere più equilibrati di quanto siamo, ecco perché quanto più pratichiamo e guadagniamo fiducia, tanto più dobbiamo stare attenti.

Quando guardiamo i dipinti dei buddha in meditazione, i loro corpi sono ritratti come se fossero traslucidi. Possiamo guardare loro attraverso. Questo significa „*nessun segreto*". Loro non nascondono il loro cellulare al compagno, in effetti non hanno nemmeno tasche. Essere trasparenti significa non avere nascondigli. La vita è quella che è, nuda e inedita. Nella nostra vita ci mettiamo nei guai quando nascondiamo le cose per evitare i guai, quando non vogliamo che gli altri sappiano come stanno le cose, così come sono.

Forse possiamo fidarci della nostra risposta estetica al mondo, l'immediatezza del mondo rivelata attraverso i sensi, piuttosto che continuare a commentare ciò che accade. Dal punto di vista della meditazione, più che palesare, i commenti offuscano ciò che è importante.

La nostra coscienza, la nostra storia personale, le nostre tendenze e le nostre associazioni sono tutti istanti di manifestazione o punti di energia che prendono forma. Ma non rimangono. È questo il significato della nozione buddhista del non sé. Non significa che non esistiamo affatto. Significa che non siamo "*qualcosa*". È fuorviante conoscerci nei termini di personalità o qualità, perché sono le situazioni che suscitano il modo in cui noi ci manifestiamo nel mondo con gli altri.

Abbiamo bisogno che l'alito del mondo penetri in noi. Abbiamo bisogno che i suoni del mondo penetrino nelle nostre orecchie. Ricevere il mondo nello spazio del cuore ci ricolma all'infinito. Allora il nostro movimento nel mondo è il movimento della capacità di rispondere non duale.

Ponete voi stessi al primo posto, non il metodo. Se pensate: *"Io sono uno stupido e il dharma è molto buono."*, allora come farà uno stupido a praticare un dharma tanto sacro? La vera pratica inizia con il rispettare sé stessi perché, che vi piaccia o meno, siete responsabili della vostra vita. Non è come essere alla guida e venire fermati dalla polizia, che vi scopre ubriachi e vi ritira la patente. Fino alla morte rimarrete in possesso di una patente con cui potrete rovinarvi la vita, e non arriverà nessuna polizia del dharma per fermarvi. Quindi, se è da voi che dipende, mantenete la vostra dignità e siate presenti.

La chiarezza intrinseca, la luce spontanea della mente, ci viene rivelata solo quando smettiamo di correre in giro con una torcia nel tentativo di illuminare quello che succede. *"Ma se spengo la torcia, non sarà molto buio?"*. Noi abbiamo paura del buio, quindi pensiamo sia meglio tenere la torcia accesa. Ma in tal modo vedrete sempre e solo quello che siete abituati a vedere; il piccolo cerchio di luce proiettato dalla vostra torcia.

La trottola, un giocattolo amato dai bambini, girerà senza sosta se voi continuate a farla girare. Dopo un po' rallenta ed è pronta a cadere, così voi le date un'altra spinta. Ma se non lo fate, lei smetterà di girare. La pulsazione tra le polarità della dualità è il modo in cui continuiamo a far girare la ruota del samsara. La facciamo girare perché investiamo energia nei fenomeni facendoli sembrare reali e importanti. Ed è questo che blocca l'esperienza dell'auto-liberazione. Ma se lasciate stare la trottola della formazione delle vostre abitudini, l'energia gradualmente la abbandonerà e lei smetterà di girare. Quindi, non essendo coinvolti o impegnati, noi recuperiamo lo spazio per guardare, ascoltare e risvegliarci alla vera connettività.

Possiamo vivere in bolle di speranza o in bolle di delusione. Possiamo essere speranzosi per molti anni, poi depressi per molti anni e poi indifferenti per molti anni. Ciascuno di questi stati è come una stanza speciale in cui abitiamo per qualche tempo. Talora ci si sente bene, talaltra non molto. Poi improvvisamente ecco che siamo in un'altra stanza, e tutto ciò che prima ci sembrava reale è svanito come un sogno.

L'apertura della consapevolezza si chiude facilmente per opera dei nostri giudizi particolareggiati. Vale a dire che noi organizziamo le nostre esperienze in termini di "*Questo è buono e ne voglio di più. Questo è brutto, o spiacevole, o pericoloso, e ne voglio di meno. Questo non lo voglio accanto a me.*". Il giudizio interviene a causa della reificazione, del pregiudizio o della prevenzione. Non puoi cavare cibo fresco da una pentola ammuffita.

È molto importante capire che i nove yana o veicoli o paradigmi buddisti sono solo modi diversi di costruire il mondo, di dare senso a ciò che accade. Ognuno di essi propone un ethos che nella tradizione è descritto come „*visione*". Ciascuna visione è associata a uno stile di meditazione, accompagnato a sua volta da un tipo di attività. L'allineamento di questi aspetti comporta un risultato specifico. Questi quattro fattori contribuiscono a organizzare la pratica di tutti i diversi livelli o yana. È essenziale comprendere la visione di ognuno di essi affinché la pratica sia integrata e armoniosa.

Quando perdiamo la nostra via, quando siamo afferrati nella spirale dell'attaccamento in cui una cosa conduce all'altra, non è che siamo passati dalla chiarezza alla confusione. Non ci siamo persi perché siamo andati altrove. Quando siamo smarriti rimaniamo comunque nell'aperto, spazioso dharmadhatu solo che non siamo svegli a dove siamo. Non abbiamo bisogno di viaggiare per trovare il risveglio. Per risvegliarci a dove siamo dobbiamo semplicemente smettere di seguire i pensieri e i sentimenti che ci portano fuori strada.

Perché prendiamo rifugio? Perché siamo smarriti. Siamo smarriti eppure insistiamo a volere essere il capo. La maggioranza di noi ha avuto l'esperienza di un capo smarrito. Una situazione difficile, perché non possiamo dire al capo che è smarrito. In nessuna azienda è una mossa saggia. Pertanto occorre imparare a gestire il capo smarrito. Questa è la funzione della meditazione. L'io deve essere placato, in modo che non interferisca con il lavoro. Sviluppare un conflitto interiore combattendo contro sé stessi non è plausibilmente utile.

Dobbiamo rilassarci e aprirci, ma il nostro io trova sempre nuove cose da fare. Prendere rifugio e soprattutto compiere lunghe prostrazioni assegna all'io un compito importante su cui concentrarsi, e questo comporta pace e tranquillità. Con l'io occupato, la consapevolezza trova spazio per manifestarsi.

Che cos'è la mente? La mente e il contenuto della mente non sono cose da considerare separatamente. Avendo la mente, avete il contenuto della mente. Qualsiasi pensiero e sentimento possiate avere non rappresentano un problema. Non sono qualcosa di cui ci si debba liberare. Essi sono il modo in cui la mente mostra sé stessa.

Parlare è un gesto di compassione. Parlare è relazionale. Parliamo per comunicare con gli altri ed essere disponibili nei loro confronti. Ma parlare non può rivelare la saggezza. La saggezza si rivela nel silenzio, nell'attenzione profonda, nel profondo aprirsi alla consapevolezza intrinseca. Questo dà origine a certe esperienze che possiamo cercare di trasferire sugli altri, ma mentre lo facciamo comprendiamo che esse travalicano le parole. Talvolta è meglio tacere. Wittgenstein ha detto: „In merito a cose di cui non possiamo dire nulla, è meglio tacere.". Un ottimo consiglio.

Samantabhadra, il Buddha fondatore o l'Adibuddha dello dzogchen – il primo, il primordiale, il Buddha sempre presente – tradizionalmente è di colore blu scuro. Il blu scuro rappresenta il colore del cielo appena prima dell'alba, quando l'oscurità comincia a schiarire ma la differenza è impercettibile. Lui è lo spazioso potenziale per l'illuminazione.

Quando i testi dicono che dovremmo essere *„senza pensieri"*, questo non significa non averne affatto. Significa che il pensiero non viene usato come base dell'identità, quindi gli viene consentito di andarsene liberamente. Nella nostra vita quotidiana noi sostiamo su un pensiero che giace su un altro che a sua volta giace su un altro pensiero ancora. Se consideraste i pensieri un problema, in tal caso lo scopo della vostra meditazione sarebbe quello di raggiungere lo stato di non averne affatto. Tuttavia, se non avete pensieri, paralizzate voi stessi, perché interrompete l'energia della consapevolezza. Pertanto quando sediamo in meditazione non si tratta di disattivare i pensieri e i sentimenti. Al contrario, consentiamo ai pensieri e alle sensazioni di essere quel che sono, cioè l'energia della mente che emerge e si libera da sé.

Noi disponiamo di opzioni. Possiamo rilassarci nel nostro stesso essere oppure ci possiamo distrarre. Esistono situazione samsariche distraenti: andare in giro, fare soldi, combinare guai e via discorrendo, ed esiste una distrazione dharmica: eseguire in grande quantità pratiche sacre, costruire un grande altare, e così via. Se l'altare è grande, avete un mucchio di ciotole da pulire ogni giorno. Se non lo fate, vi sentite in colpa. Però dovendo pulire le ciotole avete qualcosa da fare: *„Sto pulendo le ciotole per il Buddha!"*. *„Ehm...?"*. Al Buddha piacciono le ciotole pulite? No, noi le puliamo per noi stessi. Che ci guadagniamo dunque dal fare queste cose? Generiamo un senso di importanza, di valore e competenza come a dire che *„noi sappiamo cosa fare"*. Sappiamo come fare le mudra, conosciamo l'intonazione esatta di ogni preghiera... Lo vedete il pericolo? Potete smarrirvi nel dharma con la stessa facilità con cui vi smarrite nel fare soldi. È più semplice e più sicuro rilassarsi nella propria presenza immutabile.

V i è una differenza fra *„come è"* e *„come se"*. Forse quando eravate bambini i vostri genitori creavano piccole ombre sulla parete usando le mani e le dita, e intanto vi raccontavano la storia del cervo in cammino. Il *„come è"* è l'ombra proiettata dalla mano investita dalla luce. Il *„come se"* è quando ci diciamo: *„Oh! È un cervo! Guarda, ha due piccole corna..."*. In realtà non è affatto un cervo; è un'ombra. Il *„come se"* è un'interpretazione che noi attribuiamo all'ingrediente di base dell'ombra. L'ombra è prodotta dall'interazione fra la mano, la luce e la parete. Questi tre elementi contribuiscono a generare l'illusione che ci sia davvero un cervo. La nostra mente è *„come è"*, vuota, inafferrabile eppure presente. Si manifesta attraverso tutte le forme del *„come se"*: memorie, pensieri, associazioni, e così via. *„Come è"* e *„come se"* sono inseparabili come lo specchio e il riflesso. Non sono la stessa cosa e tuttavia non si possono separare. Il *„come è"* e il *„come se"* vengono entrambi occultati quando crediamo che l'ombra, ovvero il riflesso, sia sostanziale e reale.

S iamo molto, molto fortunati di avere incontrato la pratica della non-interferenza con l'auto-liberazione. È lo squisito dono del lignaggio. Osservate voi stessi. Quando emerge la negatività e voi non la scacciate e non la assecondate, ma rimanete semplicemente presenti, essa sparirà senza lasciare traccia. Se invece vi immergete in essa, l'immersione creerà una eccedenza che è un carico energetico. Se tentate di escluderla, ne conseguirà una lacuna, una mancanza che, come un vuoto artificiale, risucchierà più pensieri ancora. La pratica dell'auto-liberazione mostra il dissolvimento senza soluzione di continuità di tutta l'esperienza. Quanto più vi abituate all'auto-liberazione dei pensieri negativi in voi stessi, tanto più è possibile che siate etici. Questo è un sorprendente paradosso. Quanto più accettate e tollerate il fatto di essere sommersi da ogni sorta di sentimenti e pensieri complicati e difficili, tanto più vi rendete conto che loro si liberano da sé. Allora il vostro essere al mondo sarà meno gravoso, voi sarete meno preoccupati per le vostre faccende e avrete più spazio per interagire con gli altri così come sono.

PRENDILA CON CALMA

Prendila con calma
La via è questa qui
Ridere e danzare
Tutto il dì

Rimani rilassato
E continua a giocare
Pur se ingrigisce il cuore
Non te lo dimenticare

POST SCRIPTUM

Di stirpe scozzese sono io
William McGonagall ne ha dato l'avvio.
Le sue parole le ha messe in sequenza
Ha espresso le sue idee con competenza.

Io vergo righe per trasmettere fatti
Molti termini uso concreti e astratti
Trovare rime non è punto agevole
Di qualche lacrima sono colpevole.

DEDICA

Se questo libro ha qualche merito,
lo dedichiamo a tutti gli esseri senzienti,
e se non ne ha alcuno,
possa dissolversi nel suo stesso vuoto fondamento.

ཕན་པར་བསམས་པ་ཙམ་གྱིས་ཀྱང་།
སངས་རྒྱས་མཆོད་ལས་ཁྱད་འཕགས་ན།
སེམས་ཅན་མ་ལུས་ཐམས་ཅད་ཀྱི།
བདེ་དོན་བརྩོན་པ་སྨོས་ཅི་དགོས།།

Quando il solo pensiero di aiutare gli altri
È migliore della venerazione di tutti i Buddha
È persino superfluo menzionare la grandezza del tendere
Alla felicità di tutti gli esseri senza eccezione.

Dal Bodhicharyavatara di Shantideva

BREVI NOTE ALLA TRADUZIONE

Ci siamo riproposte e abbiamo cercato di rimanere quanto più possibile aderenti alla lingua e allo stile originali che, pur nella pregnanza e complessità dei significati e degli insegnamenti trasmessi, sono semplici, freschi e immediati, anche considerato che si tratta per lo più di trascrizioni di interventi orali. Da cui la scelta di conservare la brevità delle frasi e le frequenti forme ripetitive, che hanno non solo valore rafforzativo, ma contribuiscono anche alla cadenza particolare del testo. Con risultati alterni, perché ogni lingua ha una sua struttura e catteristiche tali da rendere non di rado impossibile trasferire alla lettera nell'una quanto suona tanto bene nell'altra. È davvero arduo conservare in italiano la naturalezza e concisione dell'inglese.

Se è buona norma unificare la traduzione di un termine specifico, in alcune occasioni abbiamo optato per la diversificazione, lasciandoci di volta in volta ispirare dal contesto, dandogli per così dire voce, senza bloccarlo nella fissità di un termine unico.

Una scelta precisa riguarda le poesie in rima, che nell'originale sono la maggioranza. A parte qualche eccezione, la nostra priorità è stata quella di privilegiare il messaggio e il ritmo a scapito della rima, evitando di incorrere in inutili forzature. Abbiamo pertanto cercato di restituire in modo integro la vasta selezione di immagini simboliche e riccamente evocative di alcune, la forma essenziale e diretta, ma eloquente, di altre, lo spirito ludico e scherzoso di altre ancora, intervenendo, in rarissimi casi, a precisare passaggi che potevano risultare oscuri – previa consultazione con l'Autore – per una corretta comprensione del testo.

Infine, abbiamo evitato l'uso di termini che potessero *solidificare*, tradendo il cuore dell'insegnamento che qui viene trasmesso, sforzandoci di mantenere la *levità* dell'originale. Così, ad esempio, abbiamo tradotto il termine *actuality*, quando riferito al fondamento, alla base aperta dell'essere, con *immediatezza*, scartando intenzionalmente la parola *realtà*, troppo legata alla *res* da cui deriva.

Un grazie sentito all'Autore per la sua disponibilità e i tanti, preziosi chiarimenti fornitici con generosa sollecitudine.

www.ingramcontent.com/pod-product-compliance
Lightning Source LLC
Chambersburg PA
CBHW040421110426
42813CB00014B/2726